Hans Jürgen Below (Hrsg.) · 50 Juristen von heute

50 Juristen von heute

aus der Reihe MDR-Steckbrief
1992 bis 1996 erschienen in der
Monatsschrift für Deutsches Recht

herausgegeben von Hans Jürgen Below

mit Beiträgen von

Hans Jürgen Below (hjb)
Petra-Andrea Block-Funken (bf)
Martina Evertz-Birkenhäger (ev)
Paul Fink (pf)
Ralf Hübner (rh)
Dr. Bettina Janßen (jn)
Jan Keuchel (ke)

Verlag
Dr. Otto Schmidt
Köln

Die Deutsche Bibliothek – CIP-Einheitsaufnahme

50 Juristen von heute: Porträts aus der Reihe „MDR-Steckbrief", 1992 bis 1996 erschienen in der Monatsschrift für Deutsches Recht/ hrsg. von Hans Jürgen Below. Mit Beiträgen von Hans Jürgen Below ... – 1. Aufl. – Köln: O. Schmidt, 1996
ISBN 3-504-01801-1
NE: Below, Hans Jürgen [Hrsg.]; Fünfzig Juristen von heute

Verlag Dr. Otto Schmidt KG
Postfach 51 10 26, 50946 Köln
Tel.: 0221 / 9 37 38 - 01, Fax: 0221 / 9 37 38 - 921

Herstellung: Verlag Dr. Otto Schmidt KG, Köln

Druck: Erste Kölner Plakat- und Reklamedruckerei
Franz Greven GmbH, Köln

Vorwort

„Studiere Jura, da kannst du überall mitreden", hatte der Vater einer unserer porträtierten Juristinnen geraten. In der Tat: Liest man die Lebensläufe dieser 50 Menschen, kann man die Rechtskundler wirklich für Alleskönner halten. Aber in Wahrheit liegt das natürlich allein an der ungewöhnlichen Auswahl, die bekannte Richter und Anwälte schamlos neben Politiker, Schriftsteller, TV-Künstler und anderes buntes Volk stellt – alle nur durch den irgendwann gefaßten Beschluß geeint, mangels besserer Einfälle erstmal Rechtswissenschaften zu studieren.

Diese farbige Abfolge hat die Rubrik „MDR-Steckbrief" seit ihrem Beginn im Januar 1992 auch zu einer besonders beliebten Lektüre der Leser dieser allgemeinjuristischen Zeitschrift werden lassen. Die Resonanz auf die allmonatlichen Porträts jedenfalls war stets deutlich spürbar, schien mir als Chefredakteur der Monatsschrift für Deutsches Recht oft sogar weit über den Reaktionen auf die vielen Aufsätze und Entscheidungen zu liegen. Eines wurde dabei immer wieder bedauert: Der Steckbrief findet sich im MDR-Report, dem journalistisch gemachten und mit Anzeigen durchsetzten Mantel um den Innenteil des Hefts – vom späteren Binden im Jahrgang also ausgeschlossen. Allen, denen das folglich unvermeidliche Fortwerfen der Porträts mißfiel, ist dieses Buch gewidmet.

Dabei sind die Texte weitgehend unverändert geblieben: Seinerzeit aktuelle Anlässe wie runde Geburtstage wurden nicht weggelassen. So stammen auch die meisten Zahlen und Daten aus der Entstehungszeit – in Einzelfällen habe ich neuere Entwicklungen in einem Nachtrag vermerkt.

Ach ja, noch ein juristischer Hinweis: Beim Verkauf hat der Verlag gegen die Zugabeverordnung, ein Herzstück deutscher Rechtsstaatlichkeit, in übler Weise verstoßen! Denn außer den erworbenen 50 Juristenporträts erhält der Leser zugleich den einzigen Beitrag, den wir je über einen Fachfremden veröffentlicht haben – Walter Hanel nämlich, den bei uns Juristen so besonders geschätzten Karikaturisten. Wir bitten um Milde ...

Köln, im September 1996 *Hans Jürgen Below*

INHALT

Seite

Olisa Agbakoba

Wieder einmal tobte auf dem schwarzen Kontinent ein Bürgerkrieg – ausgelöst durch die Ermordung zweier Regierungschefs. In Ruanda fanden schreckliche Massaker unter der Bevölkerung statt. Dieses Szenario führte uns wieder die Bilder um die blutigen Auseinandersetzungen in dem Vielvölkerstaat Nigeria vor Augen, als auch dort die Ermordung des Regierungschefs einen mehrjährigen Bürgerkrieg um die abgespaltene Ibo-Republik Biafra nach sich zog. Bei den fast dreijährigen Kämpfen um die erdölreiche Region starben 1967-1970 weit über 1 Mio. Menschen.

Ein damals dreizehnjähriger Junge, der in der Armee kämpfte, wurde mit vielen anderen festgenommen und verhört. Anschließend vegetierte er ein Jahr lang unter menschenunwürdigen Bedingungen in einem Gefängnis dahin. Er erlebte am eigenen Leibe großes Leid und sah das Leid seiner Mitgefangenen täglich mit an.

Ein afrikanischer Jurist

Diese Erlebnisse prägten Olisa Agbakoba für sein Leben. Letztendlich waren sie mitursächlich dafür, daß er einer der profiliertesten Menschenrechtsjuristen in Afrika wurde – und daß dem praktizierenden

Rechtsanwalt Ende 1993 für seine humanitären Verdienste vom Deutschen Richterbund der Menschenrechtspreis verliehen wurde.

Agbakoba wurde 1953 in Jos, Nigeria geboren. Von 1959 bis 1973 besuchte er – unterbrochen durch die Kriegswirren – verschiedene kirchliche Schulen und beendete seine Schulausbildung an einem katholischen Kolleg. Anschließend studierte er Rechtswissenschaften an der Universität von Nigeria in Enugu und an der „Nigerian Law School" in Lagos. Daran schloß sich ein einjähriges Postgraduierten-Studium an der „London School of Economics and Political Science" an. Zeitweilig arbeitete er als wissenschaftlicher Mitarbeiter des Nigerianischen Instituts für Internationale Beziehungen und war Gastdozent an der Militärschule in Jaji.

Aber nicht nur Jura: „Wir alle haben eine soziale Verpflichtung. Bei manchen Berufen gehört das Sich-Befassen mit humanitären Fragen einfach zur Natur der Sache, so bei Journalisten, Ärzten, Theologen und Rechtsanwälten." Mit diesen Worten begründete Agbakoba in einem Interview mit der Deutschen Richterzeitung sein Motiv, sich 1983 für den Rechtsanwaltsberuf zu entscheiden. Seit 1987 ist er Seniorpartner der Kanzlei „Olisa Agbakoba Associates".

Der Menschen-Rechts-Anwalt

Da er als Anwalt von Anfang an viel mit inhaftierten Menschen zu tun hatte, erinnerte er sich wieder an die lang verdrängte Gefängniszeit und seine damaligen Erlebnisse. Sein intensiver Einsatz für einen schon acht Jahre einsitzenden politischen Häftling führte in dem von Militärputschen gebeutelten Nigeria zu einer Flut von ähnlichen Mandaten, die er mit seiner Kanzlei allein nicht bewältigen konnte. Daher habe er „früh eingesehen, daß der einzige Weg, mit solchen Problemen umzugehen, die Gründung einer Organisation sein würde, die unabhängig von meiner Kanzlei arbeiten mußte."

Die von Agbakoba zusammen mit Clement Nwankwo 1987 gegründete Menschenrechtsorganisation „Civil Liberties Organization (CLO)" mit inzwischen über 5000 Mitgliedern sorgt für die Rechtsvertretung der ärmsten Bewohner des Landes, betreut politische Gefangene und führt Wahlbeobachtungen und Analysen durch. Agbakoba selbst übernimmt seit 1989 nur noch Mandate der Opfer von Menschenrechtsverletzungen und arbeitet im übrigen ausschließlich für die CLO. Jedes

Jahr veröffentlicht die Organisation einen Bericht über die Situation der Menschenrechte. Dort ist aufgeführt, in welchen Bereichen die Regierung immer wieder gegen Menschenrechte verstößt.

Agbakoba bemüht sich auch um Kontakte zu anderen Menschenrechtsgruppen, indem die Berichte der CLO mangels eines geeigneten zentralen Forums für die Menschenrechtsdiskussion nicht nur nach Europa und Amerika übersandt werden, sondern auch an Gleichgesinnte in Ländern wie Liberia oder Uganda. Auch sie sind sehr an der Arbeit der CLO interessiert und lassen sich dort fortbilden. „Wir sind der Auffassung, daß man nur Erfolg haben kann, wenn man Aktivitäten kanalisiert und organisiert. Das ist ein Teil der Nachricht, die wir versuchen, über Afrika zu verbreiten.", so Agbakoba gegenüber der DRiZ.

Selbst durch mehrfache Inhaftierungen, ständige Bedrohungen durch staatliche Stellen und andere Einschüchterungsversuche hat sich Agbakoba in seinem Kampf für die Opfer von Menschenrechtsverletzungen in seinem Land nicht beirren lassen.

Keine politischen Ämter

Der Menschenrechtspreis, der Agbakoba für seinen Einsatz verliehen wurde und der sogar zur Rückgabe seines 1992 von den nigerianischen Behörden eingezogenen Passes führte, bewirkte eine sehr willkommene starke Resonanz in den heimischen Medien. Auch davon erhofft er sich eine Stärkung des Einflusses seiner CLO und eine internationale Sensibilisierung für die Probleme Nigerias.

Obwohl man ihm schon politische Ämter angeboten hat, hat er immer abgelehnt. Denn andernfalls hätte er seine Glaubwürdigkeit gegenüber seinen Landsleuten verloren. Und die wissen dort aus Erfahrung: Politische Ämter machen den Amtsträger reich, aber den Ärmsten wird wieder nicht geholfen. *bf*

Josef Alpmann

Ja, in die Wüste wollten ihn schon viele Konkurrenten schicken. So mancher überörtlich tätige Repetitor hat sich dabei freilich die Zähne ausgebissen. Denn der Platzhirsch unter den deutschen Examenspaukern hat schon über 100 000 Studenten und Referendare auf die Prüfung vorbereitet und ist damit bundesweiter Marktführer. In die Wüste fährt Josef Alpmann nur freiwillig: Mit dem Geländewagen – sechs Wochen quer durch die Sahara.

Mit Vollgas durch die Wüste

Fangen wir diesen Steckbrief also ausnahmsweise einmal mit den persönlichen Interessen an, die sonst nur als kleiner Hinweis auf Tennis- und Wanderfreuden ein Schattendasein am Ende der Portraits fristen. Denn Alpmann, bei jungen Juristen geradezu Synonym für das Wort Repetitor, legt Wert auf die Feststellung: „Ich habe nicht nur Jura gemacht, sondern auch intensiv gelebt." In der Tat. Während sich andere Menschen im Rentenalter in geruhsame Kurorte zurückziehen oder die Freuden luxuriöser Kreuzfahrten genießen, trauert der grauhaarige Westfale seinem alten Hobby nach: „Die hohen Berge hatten es mir angetan, Alpen, Anden und Himalaya." Bis der Arzt zur Mäßigung riet, hatte Josef Alpmann alle Viertausender der Alpen bezwungen. „Außer dem Matterhorn und dem langweiligen Mont Blanc," schränkt er ein. Seitdem reizt ihn vor allem die Wüste. Sandstürme und liegenbleibende Jeeps können den Juristen nicht schrecken. Und als der Firmensitz in diesem Jahr renoviert wurde, wollte er den Staub lieber in Afrika als in Westfalen schlucken: „Einige Wochen Namibia, das war ein echtes Erlebnis."

Der Repetitor als Pädagoge

Aber nun wollen wir uns langsam doch dem zuwenden, was Alpmann berühmt gemacht hat. Mit seinem Jugendfreund Kurt Schmidt, der 1981 starb, begann Josef Alpmann 1956 in Münster, die vom bisherigen Repetitor Hefermehl wegen Rückkehr zur Universität verlassenen Examenskandidaten zu betreuen – „mit 7 Hörern in einer Bierkneipe am Aasee".

Wie wird man Repetitor? „Mein Vater war Lehrer, vielleicht liegt das in der Familie," meint der 1920 in Paderborn geborene Alpmann. Nach dem Abitur ging er sofort bei Kriegsbeginn 1939 an die West- und später an die Ostfront, von 1945 bis 1947 hieß es dann Kriegsgefangenschaft. Danach begann er in Kiel sein Studium und legte nach sechs Semestern in Schleswig seine erste Staatsprüfung ab. Während der Referendarzeit im OLG-Bezirk Hamm wurden seine beiden Kinder geboren, die heute im Unternehmen mitarbeiten. Eine kurze Zeit als hauptberuflicher Anwaltsassessor mündete dann in die zuerst nebenberufliche, später Vollzeit-Tätigkeit als Repetitor.

Kurse in 37 Städten

Seit Beginn bietet das Repetitorium neben mündlichen Kursen auch Examensklausuren mit individueller Korrekturmöglichkeit. Ab 1961 kamen die Skripten hinzu, die das deutsche Recht heute mit immerhin 50 Bänden komplett abdecken.

Ein Jahr später begann Alpmanns Erfolgsstory auch außerhalb von Münster: „Wenn man schon mal didaktisch sinnvolle Kurse und Skripten entwickelt hat, sollte man sie möglichst oft nutzen." Der Anfang vom Ende der großen Lokalmatadore hatte begonnen, Franchise – auch wenn es damals noch nicht so genannt wurde – eroberte Deutschland.

Jetzt „bellen" (Originalton Alpmann) in 37 Städten die selbständigen Repetitoren des Marktführers. Der Firmensenior: „Bei uns sind die Kollegen immer Volljuristen, alles andere wäre mir nicht praxisnah genug." Die meisten sind, wie der Gründer, nebenher als Rechtsanwälte tätig, in Bayern gibt es aber auch Hauptberufliche.

Und die Kritik am Rep?

Hier kommen wir zu einem Punkt, der Josef Alpmann sehr wichtig ist. Denn entgegen der oft zitierten Kritik, in seinen Kursen würden nur Fälle gepaukt, während der Jurist doch auch die Systematik erkennen müsse, schätzt Josef Alpmann den Wert von Grundlagen und Systematik sehr hoch ein – setzt jedoch hinzu: „Nur praktisch erklärbar müssen sie sein." Sein Credo lautet: „Die Strukturen des Rechts vom Fall her begreifen. Und dazu müssen wir den Nachwuchs zuerst interessieren, dann das Problem behandeln und anschließend merkfähig zusammenfassen."

Wer ihn hört, wie er anhand des Pinscher-Falls (Schoßhund wird von Schäferhund angefallen, Frauchen ruft um Hilfe, Mann eilt hinzu, trennt die Tiere und wird vom flüchtenden Schäferhund noch gebissen) beinahe das komplette BGB erläutert, glaubt an sein System der Wissensvermittlung sofort. Interessanter als in der Uni geht es dabei allemal zu.

Verständnis für die Jugend

„Das Gemüte muß gerauht werden", nennt Alpmann in schönem Altherrendeutsch seine Methode, das Interesse an fremden Begriffen zu wecken. Aber kein jugendfremder Mann spricht da, der den mit durchschnittlich 12 Semestern bis zur Examensreife studierenden Nachwuchs ärgert, indem er (wie viele andere über 70) auf seine kurze Studiendauer verweist: „Das waren doch ganz andere Zeiten, als wir mit Enneccerus und Palandt auskamen. Heute ist es doch unglaublich, was die jungen Leute da am Ende alles wissen sollen."

Alpmann, der übrigens bis zum letzten Semester noch selbst vortrug, hat das Skript eines bekannten Repetitors der frühen Nachkriegsjahre gefunden. Von den rund 60 Seiten zum BGB behandeln allein 17 Seiten das Abstraktionsprinzip – das also war die gute alte Zeit. *hjb*

Hans Herbert von Arnim

Den Ruf der „Einmann-Instanz gegen die Parteien“ hat er nicht erst, seit er die Versorgungsregelung des saarländischen Ministerpräsidenten Lafontaine durchleuchtete. Hans Herbert von Arnim lehrte bereits 1988 die Parlamentarier des Hessischen Landtags das Fürchten. Das Bekanntwerden seines Gutachtens ließ damals die Abgeordneten aus dem wohlverdienten Sommerurlaub in ihre Landeshauptstadt Wiesbaden zurückeilen, um ein bereits in Kraft getretenes Diätengesetz in einer Sondersitzung zu revidieren. Präsident und Vizepräsident des Parlaments mußten den Hut nehmen.

Frühe Erfolge

Anstoß zum politischen Handeln gab der 1939 in Darmstadt geborenen Staats- und Verwaltungsrechtler bereits zu Anfang seiner juristischen Karriere. Nach Abschluß des juristischen und volkswirtschaftlichen Studiums in Heidelberg verfaßte er seine Dissertation über „Die Verfallbarkeit betrieblicher Ruhegeldanwartschaften“. Die von ihm aufgestellten Thesen wurden Anfang der Siebziger Jahre vom Bundesarbeitsgericht übernommen und später auch vom Gesetzgeber aufgegriffen. Heute können Betriebsrenten nicht mehr verfallen.

Operationsbasis Kaiserstadt

Von 1968 bis 1978 leitete Hans Herbert von Arnim das Karl-Bräuer-Institut des Bundes der Steuerzahler, für den er noch heute einen Großteil seiner Gutachten anfertigt. Gleichzeitig führte ihn seine wissenschaftliche Tätigkeit zu parteikritischen Überlegungen. 1976 sollte seine Habilitationsschrift „Gemeinwohl und Gruppeninteressen" zugleich Programmsatz für sein späteres Wirken sein. Zunächst Professor in Marburg, zog er 1981 mit Familie – seine Ehefrau hatte er während des Studiums kennengelernt – nach Speyer. Dort war der Vater dreier mittlerweile erwachsener Kinder an die renommierte Hochschule für Verwaltungswissenschaften berufen worden, der er trotz zahlreicher Angebote bis heute die Treue gehalten hat. In der alten Kaiserstadt besetzt er den „Lehrstuhl für öffentliches Recht, insbesondere Kommunalrecht und Haushaltsrecht, und Verfassungslehre". Hoffnungslos überlaufen ist auch dieses Wintersemester wieder sein Seminar, das – wie kann es anders sein – die Stellung der politischen Parteien zum Gegenstand hat.

Endlich die Angemessenheit wiederentdecken

„Licht in das Dickicht bringen" will der jugendlich wirkende Professor. Immer wieder hatte er in seinen Gutachten auf verfassungsrechtlich nicht vertretbare Regelungen einzelner Diätengesetze hingewiesen. Zuletzt löste im Mai 1992 das Bekanntwerden seines Gutachtens über die Versorgungsregelungen des saarländischen Ministergesetzes eine tiefgreifende Krise in Saarbrücken aus.

Wen wundert's, daß Hans Herbert von Arnim nur selten das Lob der Politiker zuteil wurde. Die Indemnität ermutigte die Parlamentarier zu nicht immer gemäßigten Äußerungen. Der saarländische Ministerpräsident bezichtigte ihn der Schlamperei und versuchte ihn als „Saubermann" bloßzustellen. Die Formulierung eines hessischen Politikers, er habe sein Gutachten „wohl in der Badewanne geschrieben" amüsiert von Arnim aber mittlerweile. Die immer gleichen Reaktionen der Politiker nimmt der Wissenschaftler mit Gelassenheit zur Kenntnis. Ein „Moralist" zu sein, warf ihm zunächst Hamburgs Erster Bürgermeister vor. Vorausgegangen war der Diäten-Skandal der Hamburger Bürgerschaft im Herbst 1991, zu dem von Arnims Gutachten den Sprengstoff geliefert hatte. Wochen später sah sich der Erste Bürgermeister veranlaßt, die umstrittene Regelung der Senatorenbezüge eigenhändig zu kippen. Seine Aufgabe sieht der Parteienkritiker jedoch nicht in der moralischen Überprüfung des parteipolitischen Handelns. „Angemessenheit" soll vielmehr als Maßstab für die Politik wiederentdeckt werden.

Die Selbstheilungskräfte der Demokratie

Den Umgang mit der Öffentlichkeit weiß der parteienunabhängige Verwaltungswissenschaftler auf Pressekonferenzen wirksam zu nutzen – Parteienkritik hat Hochkonjunktur. Es gelte, mit konstruktiven Vorschlägen „die Selbstheilungskräfte der Demokratie" zu aktivieren. Mit seiner Arbeit stellt er unter Beweis, daß ein einzelner fernab von Parteien und Verbänden in der Lage sein kann, in unserer Republik etwas zu erreichen. Eine Stärkung der direkten Demokratie könnte nach seiner Meinung die Fehlentwicklungen des Parteienstaats korrigieren.

Einen weiteren aktiven Beitrag zur Überwindung der Politik(er)verdrossenheit leistet er seit Anfang September 1992: Der damalige Bundespräsident Richard von Weizäcker berief den profilierten und einschlägig ausgewiesenen Verwaltungsrechtler in die Kommission für die gesetzliche Neuregelung der Parteienfinanzierung. Neben dem früheren Präsidenten des Bundesverwaltungsgerichts, Horst Sendler, und einigen politisch nicht mehr aktiven Vertretern der Parteien, der Sozialpartner und der obersten Gerichte, kann Professor Hans Herbert von Arnim seine Erfahrungen im Umgang mit der Parteifinanzierung in das Gremium einfließen lassen. Bei der Inventur dieses Selbstbedienungsladens ist ihm weiterhin viel Glück zu wünschen. *pf*

Peter Becker

Was haben Hochschulzulassungs- und Prüfungsrecht, der Einsatz der Bundeswehr im Ausland sowie der Stromstreit ostdeutscher Kommunen mit den Weinflaschen im Hintergrund des oben abgedruckten Fotos gemeinsam? Die Antwort werden nur wenige Juristen kennen: Der Marburger Rechtsanwalt Dr. Peter Becker, ein ausgewiesener Kenner des öffentlichen Rechts, hat nicht nur mit zahlreichen wichtigen Verfassungsrechtsstreitigkeiten zu tun gehabt, sondern ist seit einiger Zeit auch Winzer mit einem geschichtsträchtigen Weinberg an der Nahe.

Geboren wurde Becker 1941 in Berlin, was man allerdings nicht an dem dort üblichen markanten Dialekt hört: Schon sehr früh zog die Familie nach Oberursel im Taunus um, wo er aufgewachsen ist und bis zum Abitur zur Schule ging. Danach holte ihn ein Freund, der bereits in Marburg sein Studium aufgenommen hatte, an den Sitz der Philipps-Universität nach, wo Peter Becker 1960 sein Jurastudium aufnahm. Abgesehen von einigen Semestern in München, woher er auch unseren neuen Bundespräsidenten Roman Herzog als damaligen Maunz-Schüler kennt, hat es ihn seither in der alten Universitätsstadt an der Lahn gehalten.

Ein Jazzer beim Verfassungsgericht

Nach dem Examen 1971 arbeitet Becker als Assistent von Hadding in Mainz und erhält nur wenig später die Zulassung als Rechtsanwalt. 1974 macht er sich endgültig selbständig und beginnt als Stadtverordneter eine ehrenamtliche Tätigkeit in der Gemeinde, die gewissermaßen logische Fortsetzung eines langjährigen Engagements bei der Jugendorganisation der FDP.

Parallel dazu beginnt nun aber eine recht ungewöhnliche Anwaltskarriere: Schon ab 1975, mit Anfang 30 noch recht jung, übernimmt der frischgebackene Anwalt (und begeisterte Jazzer: Suburban House Jazz Quartett) seine ersten Mandate im Bereich des Hochschulzulassungsrechts. Wer sich an diese Zeit erinnert, weiß, daß damals die Tätigkeit der noch recht jungen ZVS ebenso unter Beschuß stand wie die nach der Kapazitätsverordnung hochschulintern berechneten Zulassungszahlen. Mit einem weiteren Spezialisten in Freiburg gehört Becker zu den Pionieren und erreicht 1981 seinen ersten Beschluß vor dem Bundesverfassungsgericht.

Zahlreichen Abiturienten verhilft er in den folgenden Jahren zu einem Studienplatz, weil er einerseits (in engem Kontakt mit Universitätspraktikern) bessere Nutzungsmöglichkeiten nachweist, andererseits durch das Verfassungsgericht die verwaltungsgerichtliche Kontrolle ausweiten läßt, so daß über das reine Willkürverbot hinaus jetzt alle Kapazitätsfragen kontrolliert werden. 1989 bis 1991 folgen dann sensationelle Karlsruher Entscheidungen zur Überprüfbarkeit von Prüfungen, die sich unter anderem auf die eklatant hohen Durchfallquoten beim sogenannten „Katastrophen-Physikum 1981“ beziehen. Becker erreicht im Eilverfahren, daß betroffene Studenten erst einmal weiterstudieren können – und sorgt dafür, daß auch die inhaltliche Richtigkeit der amtlich vorgegebenen Multiple-Choice-Fragen durch Sachverständige bewertet werden kann. In der Folgezeit weitete sich das bis ins Prüfungsrecht der Schulen hin aus. Übrigens: Noch heute laufen Verfahren wegen der Spätfolgen, weil mancher Mediziner durch fehlerhafte Prüfungsfragen erst später fertig wurde und so Gehaltseinbußen verzeichnete. Über den aufopferungsgleichen Eingriff entscheidet das Bundesverfassungsgericht.

In jüngster Zeit wurde Becker vor allem durch seine Vertretung von 146 Kommunen in den neuen Bundesländern bekannt, als es um deren Eigenstromversorgung ging. Dieser „Stromstreit“ vor dem BVerfG konnte mit Beckers Hilfe durch einen Vergleich beendet werden. Außerdem vertrat er fünf Bundesländer in Karlsruhe im Organstreitverfahren wegen des Einsatzes der Bundeswehr im Ausland.

Der fröhliche Weinberg

An Arbeitsmangel leidet unser Jurist also keineswegs. Aber als er 50 wird, und als dann ein alter Freund aus einem Notariat an der Nahe meldet, ein schöner alter Weinberg sei samt Weingut und Kellerei zu verkaufen, da kann Becker nicht nein sagen. Als sinnenfroher Mensch, der schon seit vielen Jahren große alte Bordeaux-Weine sammelt, greift er gemeinsam mit seinem Kollegen Christian Held zu und erwirbt das Weingut Klostermühle Odernheim mit seinen seit über 1 000 Jahren kultivierten Rebhängen am Fuße des Disibodenbergs, auf dem noch heute eine malerische Klosterruine von dem Ort zeugt, an dem Hildegard von Bingen ihre wichtigsten Werke verfaßt hat.

In dem von „Fritz Schmidt Erben“ übernommenen Weingut pflegen die beiden Rechtsanwälte den Anbau und Ausbau eines erstklassigen Steillagen-Rieslings, aber auch Müller Thurgau und hier eher ungewöhnliche Burgunderreben führen zu guten Tropfen, an deren Qualität seitdem ständig gefeilt wird. Auf seinen „Odernheimer Montfort“, einen trockenen Weißburgunder, ist Becker besonders stolz. Mit je nach Jahr 35 000 bis 70 000 Litern aus den 12 Hektar Anbaufläche liegt das Unternehmen im Bereich der Mengenbeschränkungen der Prädikatsgüter in Frankreich. Jedes Wochenende fährt der engagierte Jungwinzer an die Mündung des Glan in die Nahe und experimentiert dort mit seinem Kellermeister, um einen vorzüglichen 1994er anbieten zu können. *hjb*

Alfred Biolek

Mensch Meier! Da legt ein hoffnungsfroher junger Jurist zwei glänzende Prädikatsexamina hin, eins davon im seltenen Bereich „oberes gut"; da ist der junge Mann bereits vor dem ersten Examen, das er nach nur 8 Semestern macht, Korrekturassistent bei Professor Ernst von Caemmerer. Dann promoviert er dort – und setzt sich anschließend in Bahnhöfen und Boulevards auf Sofas und Korbsessel, um vor laufenden Fernsehkameras mit allen möglichen (manchmal auch unmöglichen) Leuten zu plaudern. Wie denn das?

In Vaters Kanzlei

Aber beginnen wir vorne: Dr. jur. Alfred Biolek wurde 1934 in Freistadt geboren, in der späteren CSFR. Nach dem Krieg kommt er mit seinen Eltern ins Schwäbische. Schon während der Schulzeit in Waiblingen bei Stuttgart macht er Theater, fühlt sich zwischen dem erzkonservativen und dennoch tolerant-liberalen Vater und der eher künstlerischen Mutter hin- und hergezogen. „Ein bißchen Tonio Kröger steckte wohl immer in mir", meint Biolek, der auch heute manchen Künstlern zu brav und vielen Bürgern zu bunt ist. Ein Grenzgänger eben.

Nach dem Abitur beginnt er ein Jurastudium an der angesehenen Freiburger Fakultät: „Natürlich machte sich mein Vater damals Hoffnungen, daß ich seine Anwaltskanzlei übernehmen sollte – und das gar nicht mal zu Unrecht." Denn der TV-Entertainer hat Jura nicht aus Verlegenheit studiert, sondern mit großem Interesse und überdurchschnittlichem Erfolg. „Ich hatte Spaß am Studium", erinnert sich Biolek, „und von den möglichen Abschlüssen würde ich es als Fundament für meine Fernseharbeit auch heute wieder wählen."

Jedoch war dem künstlerisch interessierten Juristen, der in seinen Freiburger Semestern kein Theatergastspiel ausgelassen und selbst Studentenkabarett gemacht hat, der damalige Juristenstand schlicht zu konservativ: Anfang der 60er Jahre, als er das zweite Examen besteht, sind die Verhältnisse eben doch noch anders als in der durchgängig liberaleren Gegenwart.

Rückblickend könnte Biolek sich zwar den Anwaltsstand noch als den am ehesten geeigneten Beruf für sein Studium vorstellen: „Ich hatte meinen erkrankten Vater in der Referendarzeit ein Jahr lang als Anwaltsvertreter ersetzen müssen. Es war gar nicht schlecht – und man lernt viel." Nur als Dauerzustand eignete sich das wohl nicht.

Von der Rechtsabteilung beim neugegründeten ZDF ...

Anfang 1963 macht er – ganz ohne Schlüsselerlebnis – den bewußten Schritt in ein neues Medium und heuert beim gerade erst gegründeten ZDF an, noch bevor die Mainzelmännchen den Sendebetrieb aufnehmen. An deren Vertrag hatte Biolek übrigens mitgearbeitet, denn sein erster Job, freilich mit Hintergedanken, war der eines Assessors im ZDF-Justitiariat. Der frühere Bundesanwalt Rebmann hatte ihm, ganz schwäbische Connection, den heißen Tip gegeben.

Der Umweg ins Studio war nicht groß. Schon nach wenigen Monaten bietet sich die Chance – noch mit juristischem Anstrich: „Tips für Autofahrer" hieß seine erste Sendung, und als die dann in der neu entwickelten Drehscheibe aufging, hat Biolek recht erfolgreich eine Reihe über „Urlaub nach Maß" gemacht. Bald ist er Abteilungsleiter, verantwortlich für viele ZDFSendungen.

... vor die Kamera

Als stellvertretender Hauptabteilungsleiter Kultur und Unterhaltung verläßt er 1970 seine beamtengleich gesicherte Lebensstellung beim Mainzer Sender. „Die Goldgräberzeiten waren vorbei", sagt Biolek, „lebenslänglich wollte ich dort nicht bleiben". Bei der Bavaria in München, danach ab 1973 beim WDR geht er vollends in der Unterhaltungsbranche auf. Erfolgreiche Sendungen reihen sich aneinander – und werden stets auf dem Höhepunkt von Erfolg und Einschaltquoten durch eine kreative Denkpause abgebrochen: „Kölner Treff", „Bio's Bahnhof" (für den es 1982 den Adolf-Grimme-Preis in Gold gibt), „Bei Bio", „Mensch Meier" und jetzt „Boulevard Bio".

Ständiges Markenzeichen: Weltstars erster Güte mit unbekannten Talenten und unprätentiösen Gesprächen über außergewöhnliche Themen gemischt. Sein Qualitätsniveau ist im deutschen TV-Vergleich hoch – ohne daß er es mit der Devise mancher Theaterregisseure hält, die Zuschauer durch allzu Kopflastiges so lange zu verärgern, bis sich beim verbliebenen Rest jeder Einzelne persönlich angesprochen fühlt.

Künstler und Bürger

Alfred Biolek ist heute Professor an der Kölner Kunsthochschule für Medien – und mit seiner 50%igen Beteiligung an der Produktionsfirma Pro GmbH letztlich auch Kunstunternehmer, der aber meist selbst vor der Kamera steht. Den durch diese Sicherheit (wieder etwas mehr bürgerlich) gewonnenen Spielraum nutzt er nicht zuletzt für Musik und Literatur, denn Bühne und Konzertsaal gehören bei Biolek dazu wie der Packen CD's und dicke Bücher im Urlaub.

Juristisch interessiert ihn die eigene Firma nach 30 Jahren Paragraphenabstinenz freilich kaum: „Wenn wir Probleme haben, gehen wir damit natürlich zum Anwalt. Hier gibt es keine Selbsthilfe, da nützt mein Doktortitel nach so langer Zeit überhaupt nichts!" *hjb*

Ernst-Wolfgang Böckenförde

Wenn ein Jurist und Professor als Richter ans Bundesverfassungsgericht berufen wird, ist dies im allgemeinen gleichbedeutend mit der höchsten erreichbaren Stufe einer Rechtskarriere. Dr. Dr. Ernst-Wolfgang Böckenförde, einer der profiliertesten Staatsrechtler der Bundesrepublik, hat dieses Ziel schon vor geraumer Zeit erreicht. An vielen wichtigen Entscheidungen hat er in seiner mehr als zehn Jahre währenden Amtsdauer mitgewirkt, ohne Zweifel. Besonders in letzter Zeit ist die Aufmerksamkeit der Öffentlichkeit aufgrund der „politischen" Entscheidungen zum Maastricht-Vertrag oder den Auslandseinsätzen der Bundeswehr immer wieder auf das Verfassungsgericht gelenkt worden. Dennoch ist es Böckenförde als einem der mitentscheidenden Richter gelungen, im Bewußtsein der Öffentlichkeit weithin anonym zu bleiben. Was für ein Mensch verbirgt sich hinter dem Bundesverfassungsrichter, der auch im Gespräch bemüht ist, möglichst wenig Privates preiszugeben?

Hang zur Staatswissenschaft

Ist er der geborene Jurist, fragen wir ihn. Nicht unbedingt, antwortet er trocken. Nur wegen seines außerordentlich großen Interesses an Fragen der staatlichen Ordnung sei er zur Juristerei gekommen. Die Auseinandersetzung mit dem Straf- und Zivilrecht habe er daneben nur in Kauf genommen. Aber Böckenförde, der in seiner Freizeit überaus gerne liest und Mozart liebt, interessiert sich für das Staatswesen nicht nur aus rechtlicher Perspektive. Über das Juristische hinausgehend sucht er Antworten auch in historischen, politischen, philosophischen, kulturellen Hintergründen: Die gesamte Staatswissenschaft will er erfassen. Daher ist er auch von Anfang an zweigleisig gefahren, hat neben der Rechtswissenschaft in Münster und München Geschichte studiert, seine beiden Promotionen sowohl zu einem staatsrechtlichen als auch einem verfassungsgeschichtlichen Thema gewählt. 1964 habilitierte er in Münster und war langjährig Professor für öffentliches Recht, Verfassungs- und Rechtsgeschichte sowie Rechtsphilosophie an den Universitäten Heidelberg, Bielefeld, dann Freiburg. Ein Staatswissenschaftler par excellence – doch damit ist Böckenförde noch nicht hinreichend beschrieben.

Engagierter Katholik

„Zwei Seelen wohnen, ach, in meiner Brust, die eine will sich von der anderen trennen “, läßt Goethe Faust ausrufen. Böckenförde kann ihn da noch übertrumpfen, denn in ihm leben mindestens drei Seelen. Allerdings ist das für ihn kein Widerspruch, im Gegenteil: der integrierte Staatswissenschaftler, Katholik, Sozialdemokrat.

1930 in Kassel als eins von acht Geschwistern geboren, entstammt er einem religiösen Elternhaus. Schnell ist man dabei, eine entsprechend konservative Erziehung dahinter zu vermuten. Doch hier hakt Böckenförde sofort ein: Im Elternhaus herrschte Offenheit, Liberalität, es wurde nicht zur Kritiklosigkeit erzogen, sondern zur Kritik an der Kirche von innen heraus. Diese ihm vorgelebte Einstellung prägte ihn, bestimmte ihn zur lebenslangen aktiven Auseinandersetzung mit der Kirche und dem Katholizismus. Böckenförde machte 1957 in diesem Zusammenhang erstmalig auf sich aufmerksam mit seinem Aufsatz „Ethos der modernen Demokratie und der Kirche“. Nicht nur die Öffentlichkeit fühlte sich angesprochen. Mit seiner Argumentation und der Frage „Inwieweit kann der katholische Christ ein loyaler Demokrat sein?“ entfachte er eine derart heftige innerkirchliche Diskussion, daß er sich später aufgefordert fühlte, eine schriftliche Stellungnahme nachzuschieben. Auch an die kirchliche Vergangenheit rührte er mit seiner schonungslosen Aufarbeitung der Rolle des Katholizismus im Jahre 1933, die ihm zunächst wiederum massive Kritik seitens der Kirche einbrachte.

Trotz alledem, und trotz weiterer kritischer Publikationen, wurde er nie als Abtrünniger der Kirche angesehen. Davon distanziert er sich auch ausdrücklich, bezeichnet sich als civis et christianus. Vielleicht ist Böckenförde – selbst Vater von drei Kinder, die übrigens alle Jura studieren – deshalb zeitweilig Mitglied der Juristenvereinigung Lebensrecht e.V. gewesen, die sich intensiv mit den Rechten ungeborener Kinder auseinandersetzt. Seine Mitgliedschaft brachte ihm Schwierigkeiten im Prozeß um den § 218 StGB ein: Er selbst stellte den Befangenheitsantrag, dem seine Kollegen aber nicht stattgaben – einstimmig.

Politisches Interesse

Obwohl katholischer Christ, ist für ihn entgegen der Üblichkeit die traditionelle Liaison zwischen katholischer Kirche und CDU nicht zwingend. Böckenfördes dritte Seele ist sozialdemokratisch. Seit 1967 ist er SPD-Mitglied, hat sogar für Helmut Schmidt 1976 wesentliche Vorlagen zu dessen Rede vor der Katholischen Akademie in Hamburg über „Grundwerte in Staat und Gesellschaft" mitverfaßt. Angeregt zum Parteiengagement wurde er durch die Persönlichkeiten Herbert Wehner, Adolf Arndt und Peter Nellen. Seit seiner Tätigkeit als Richter allerdings läßt er die Parteimitgliedschaft ruhen. Aber wer weiß – geht Böckenförde in Pension, wird man vielleicht von ihm noch hören. *bf*

Friedrich Bohl

Möchten Sie sich an dem Fragespiel beteiligen, welcher Jurist in Deutschland den größten Einfluß hat? Lassen wir einmal die Vorstände der Großbanken und auch der Bundesbank kurz beiseite und konzentrieren uns auf das öffentliche Gemeinwesen: Roman Herzog dürfte mit seinem Amtsantritt eher an Macht eingebüßt haben, der Kanzler ist bekanntlich Historiker. Bleibt noch das Bundesverfassungsgericht, aber das ist ein Kollegialorgan.

Ersparen wir uns die Entscheidung. In der Endrunde aber wäre auf jeden Fall Kanzleramtsminister Bohl dabei, von seinem Chef kollegial „Fritz“ genannt. Zwar ohne klassisches Ministerium, aber Herr über einen Stab von 500 Mitarbeitern, darunter viele Juristen, die zum Teil als Spezialisten aus Gerichten und Behörden hierher geholt werden.

Keine Juristenfamilie

Hier: Das ist da, wo Deutschland regiert wird, wo der offiziell „Bundesminister für besondere Aufgaben“ genannte Chef des Kanzleramts die verfassungsrechtlich gewährte Richtlinienkompetenz des Regierungschefs in die Tat umsetzt. Alle Gesetze gehen über Bohls Schreibtisch, werden koordiniert, innerhalb der Koalition, mit den Fraktionen und Ländervertretern abgestimmt. Wenn man vom „Gesetzgeber" spricht, sind das mithin nicht nur Bundestag und Bundesrat.

Dabei lag dem Rechtsanwalt und Notar Bohl kein Paragraph in der Wiege: Er entstammt, wie er selbst formuliert, einer „Familie von Landwirten und Lehrern", wurde im ländlichen Roßdorf bei Göttingen kurz vor Kriegsende 1945 geboren. Bei seiner Einschulung zogen die Bohls in die Nähe von Marburg/Lahn, das seitdem seine Heimat ist. Nach der Grundschule neun Jahre als Fahrschüler, jeden Morgen mit dem Zug in die Lutherschule der alten hessischen Universitätsstadt. Dort macht er 1964 sein Abitur und bleibt an Ort und Stelle: Die rechtswissenschaftliche Fakultät der Philipps-Universität liegt in Fußentfernung der Schule.

Das öffentliche Recht interessiert den Studenten Bohl besonders, gleichwohl nimmt er nach dem ersten Staatsexamen 1969 eine Assistentenstelle an einem Lehrstuhl für Handels- und Wirtschaftsrecht an, denkt auch über eine Dissertation nach, gibt das Thema aber aus Zeitgründen zurück. Denn zu diesem Zeitpunkt ist der Referendar Bohl schon Mitglied des hessischen Landtags.

Anwaltskanzlei und Politik

Nach dem zweiten Examen 1972 läßt Bohl sich als Anwalt nieder, wird vier Jahre später zum Notar ernannt. Bis 1984 ist das auch sein tatsächlicher Beruf, nicht die Politik. Erst nach der Wahl in den Bundestag 1980 (er übernimmt bei Walter Wallmanns Amtsantritt als Oberbürgermeister von Frankfurt dessen Marburger Wahlkreis, seitdem immer direkt gewählt) und der Übernahme der Parlamentarischen Geschäftsführung der CDU/CSU-Fraktion im Jahre 1984 zieht er sich zurück, bestellt einen ständigen Vertreter und gibt dann seine Geschäfte ab: „Die Unabhängigkeit, jederzeit in meine Kanzlei zurückgehen zu können, ist aber etwas sehr Beruhigendes."

Auf den Punkt kommen

Sitzt man dem schmächtigen „Chef BK" in seinem zwar großen, aber keineswegs prunkvollen Büro gegenüber, muß man unwillkürlich über die teilweise widersprüchlich klingenden Prädikate nachdenken, die über Friedrich Bohl kursieren: einerseits freundlich, umgänglich und beliebt, andererseits knallharter Wadenbeißer Kohls. Aber der Widerspruch ist womöglich gar keiner. Er selbst weiß, daß er im persönlichen Gespräch ebenso angenehm wirkt, wie sich Menschen auch davon irritiert fühlen können, wenn er sehr schnell und ohne Schnörkel zur Sache kommen will. Bohl schätzt Effizienz über alles. Da sieht man sich mit der Antwort konfrontiert, am meisten regten ihn umständliche Verhandlungspartner auf; zugleich nennt er der FAZ als herausragende Heldin der Geschichte überraschend Elisabeth von Thüringen, weil die „lange vor dem üblichen karitativen Engagement von First Ladies" sich vorbildlich um arme Menschen gekümmert habe.

Joggen und Lesen

Friedrich Bohl hat vier Kinder – und ist mit 49 Jahren immerhin schon zweifacher Großvater. Außer dem täglichen Joggen bleibt ihm wenig Zeit für Sport; Wanderungen mit der Familie versucht er aber so oft wie möglich in den Terminkalender zu schieben. Das andere große Hobby allerdings klingt schon wieder mehr nach Bohlscher Effizienz: „Ich lese gerne gehaltvolle Bücher über historische Themen, zum Beispiel Biographien bedeutender Menschen." Das paßt zu seinem Motto: Man lernt nie aus!

hjb

Hansgeorg Bräutigam

Nein, am Freitag dem 13. wollte er den Prozeß seines Lebens nicht beginnen. Aber seit dem 12. November 1992 saßen sie sich gegenüber: Hansgeorg Bräutigam als Chef der 27. Großen Strafkammer des Berliner Landgerichts und die für den Schießbefehl verantwortlichen Mitglieder des nationalen Verteidigungsrats in der untergegangenen DDR. Honecker und Genossen (Verteidigungsminister Keßler und sein Stellvertreter Streletz senken das Durchschnittsalter auf 75 Jahre) verantworteten sich in 13 Fällen, auf die das Hauptverfahren beschränkt wurde.

10 kleine Negerlein

Schon zu Beginn wurde das halbe Dutzend reduziert, der Amtsarzt bestätigte das von Willi Stoph vorgelegte Privatattest und bescheinigte Verhandlungsunfähigkeit: abgetrennt und vorläufig eingestellt. Auch Mielke fehlte später. Es stand zu befürchten, daß Richter Bräutigam im Verlauf des wohl ein bis zwei Jahre dauernden Verfahrens nach und nach auf weitere Angeklagte verzichten muß. Honecker wurde kurz vor Beginn des Prozesses 80, Mielke ist schon 84. Dennoch steht bereits heute fest, daß dieses wahrscheinlich wichtigste und wohl auch heikelste deutsche Nachkriegsverfahren die Krönung einer beachtlichen Juristenkarriere darstellt. Dabei war der 55jährige Fliegenträger mit der randlosen Brille auch bislang schon kein Niemand in der Berliner Justiz, eher ein Paradiesvogel. Bereits in den 60er Jahren entdeckte Bräutigam, dem man gelegentlich einen starken Hang zur Theatralik nachsagt, seine Begabung für Öffentlichkeitsarbeit und wurde Pressereferent des Deutschen Richterbundes. Später war er für zwei Berliner Justizsenatoren im Pressegeschäft tätig, arbeitete aber auch beim Justizprüfungsamt. 1977 begann er dann seine Zeit als Ermittlungsrichter am Kammergericht, kurz darauf wurde er Vorsitzender Richter am Landgericht.

Ein Mann für heikle Sachen

Seit 1981 beschäftigt sich Bräutigam im Schwerpunkt mit Wirtschaftsstrafsachen. So schickte er 1985 den Architekten Garski, der das Land Berlin um fast 100 Mio. Mark Wirtschaftsgelder geschädigt und Bürgermeister Stobbe zum Rücktritt gezwungen hatte, für 3 Jahre und 11 Monate hinter Gitter. Im Frühjahr verknackte er die PDS-Geldschieber Pohl, Langnitschke und Kaufmann zu deftigen Bewährungsstrafen, weil sie über 100 Mio. PDS-Mark nach Moskau überwiesen hatten. Außerdem konnte er sich als Vorsitzender des Kassationsgerichts, das DDR-Urteile prüft, bereits ausgiebig mit den Besonderheiten dieses Unrechtsstaats befassen.

Politischer Prozeß?

Kritik am Verfahren gab es und gibt es nicht nur von unverbesserlichen SED-Getreuen, die Siegerjustiz wie nach 1945 wittern. Bei dem Streit, ob es sich um einen politischen Prozeß handelt, herrscht allerdings erhebliche Sprachverwirrung: Denn natürlich handelt es sich um ein Verfahren bezüglich politischer Sachverhalte und bezüglich einer Gruppe von Angeklagten, die Straftaten in politischen Ämtern begangen haben sollen. Aber einen politischen Schauprozeß wird es mit Hansgeorg Bräutigam nicht geben. Ärgerlicher sind da schon die Nachfragen aus Fachkreisen, ob denn nicht eventuell seine Erfahrung in öffentlichkeitswirksamen Prozessen und sein bekannt straffer Verhandlungsstil etwas damit zu tun haben könnten, daß er diese Kammer erhielt, der extra das M wie Mielke zugeschlagen und so das gesamte Verfahren übertragen wurde. Das Gebot des gesetzlichen Richters wird heftig diskutiert.

17 + 4

Dennoch hatte man beim Auftakt des Verfahrens durchaus das Gefühl, als werde hier mit dem Florett gefochten und nicht mit dem Säbel. Die

17 Verteidiger und 4 Oberstaatsanwälte scheinen sich der historischen Bedeutung bewußt zu sein – und die Anwälte vor allem des Rufs von Hansgeorg Bräutigam: Sein bei Angeklagten und Verteidigern nicht gerade beliebter Verhandlungsstil, bei dem er ohne viel Freiraum für andere Verfahrensbeteiligte das Heft in der Hand behält, gemahnt zur Vorsicht. Hat er doch schon so manchen Juristenkollegen aus der starken Position seines Amtes heraus, aber auch wegen guter Vorbereitung und exzellenter rhetorischer Fähigkeiten kräftig abgebürstet. Wenig Bedenken muß man allerdings haben, Bräutigam sei parteiisch (so nannte ihn die linke „Tageszeitung" einen strammen Reaktionär). Tatsächlich ist Antialkoholiker und aktiver Katholik Bräutigam nur ein konservativer Mann mit ausgeprägtem Gerechtigkeitssinn. So ließ er beispielsweise überraschend einen dritten Pflichtverteidiger für Erich Honecker zu, weil dessen Konten beschlagnahmt sind und die Finanzierung eines Wahlverteidigers nicht zuzumuten sei.

Pseudonym

Ein Ventil für Anschauungen, die sich nicht in Urteilen niederschlagen sollen, fand Richter Bräutigam seit 1974 mit einer Nebentätigkeit, von der nicht bekannt ist, ob sie genehmigt war. Nur daß sie Anfang der 80er Jahre zu einer Anfrage im Senat führte, das weiß man: Auch die tendenziöse Kommentierung von Justizfragen unter einem Pseudonym sei mit den beruflichen Pflichten eines Richters vereinbar, antwortete man auf Hinweise, Bräutigam schreibe unter seinem Journalistennamen „Georg Riedel" in Springers „Berliner Morgenpost" ziemlich rechtslastige Glossen und Leitartikel. Alle Befangenheitsanträge hat der Jurist freilich ohne Schaden überstanden. Überhaupt ist er stets vorsichtig, speziell wenn er sich zum Honecker-Prozeß äußern soll. Verständlich, wenn man bedenkt, daß die Weltöffentlichkeit ihr Augenmerk auf seine Verhandlungsführung richtet. Aber bevor der BGH die Revision zu den Mauerschützenverfahren noch vor Beginn des Honecker-Prozesses nach DDR-Recht entschied, meinte Bräutigam, das habe für ihn zwar keine Bindungswirkung. Aber die damals noch in weiter Ferne stehende Entscheidung, so Bräutigam in diesem Zeitungsinterview, würde seine „richterliche Meinungsbildung sicherlich sehr beeinflussen". *hjb (Foto dpa)*

Nachtrag: Bräutigam mußte seinen Stuhl kurz nach Verfahrenseröffnung wegen Befangenheit räumen, weil er Honecker-Autogramme vermittelt hatte.

HARTMUT BRAUNSCHNEIDER

Wie ein Geschenk des Himmels muß es so manchen Jurastudenten vorgekommen sein, als 1986 „Das Skript" von Hartmut Braunschneider zum Strafrecht erschien. Kaum auf dem Markt, ging es weg wie warme Semmeln, und in euphorischer Fanpost pries man den Autor bisweilen als „Papst des Lehrbuchs". Dabei ist dem so Gepriesenen die Juristerei gar nicht heilig. In fast ketzerischer Unbekümmertheit – Braunschneider hatte gerade erst das Referendarexamen bestanden – brachte der 25jährige im eigenen AchSo! Verlag aus selbst gefertigten Vorlesungsskripten eine unkonventionelle Lernhilfe heraus – „ganz anders, als ein wissenschaftlicher Jurist sich das bis dahin hätte vorstellen können." Und der Erfolg blieb nicht aus: Heute verlegt der mittlerweile 34jährige Rechtsanwalt neun verschiedene Bücher und bezieht daraus ein stattliches Einkommen.

Unkonventionelles Jura-Wissen

Schon im Verlauf des Studiums, das der zielstrebige Braunschneider nach nur 8 Semestern in Köln mit Prädikat ad acta legte, steigerte er seinen Bekanntheitsgrad, indem er für die Fachschaft gut besuchte Erstsemestereinführungen hielt. Da lag es nahe, daß ihm die Universität nach dem Examen eine Stelle als Arbeitsgemeinschaftsleiter für Strafrecht anbot. Doch anstatt die dort geforderten Tätigkeitsberichte stets aufs neue stereotyp abzuliefern, schrieb der Querdenker lieber lustige Varianten – und bekam prompt die Kündigung. Seiner Beliebtheit unter den Teilnehmern tat das jedoch keinen Abbruch. Man drängte ihn, gegen Bezahlung „privat" weiterzumachen. Mit bis zu 10 Arbeitsgemeinschaften pro Woche á 20 bis 25 Studenten legte der Selfmade-Mann so den finanziellen Grundstein für seine Karriere als Autor und Verleger.

Volksausgabe samt Beschwerdeformular

Dabei stammte die Idee zum ersten Buch nicht einmal von ihm. Seine Studenten, die die selbst verfaßten Skripten offenbar hilfreicher als die vielen oft trockenen Lehrbücher empfanden, inspirierten Braunschneider, sein Lernkonzept zu professionalisieren. Noch vor Eintritt in das Referendariat brachte der Jungverleger „Das Skript Strafrecht AT" heraus, das vor allem durch seine originelle Machart gefiel. Als „Volksausgabe, jetzt auch für Jurahasser" betitelt und ab der zweiten Ausgabe in grelles Gelb gefaßt, gab es den Studenten endlich das, worauf sie gewartet hatten. Einen mit Aufbauschemata versehenen, flott geschriebenen und lehrreichen Einblick in die komplizierte Materie des Strafrechts. Ein weiteres Novum: Im Anhang veröffentlichte Braunschneider das Muster einer Hausarbeit samt Beschwerdeformular. Mit fatalen Konsequenzen für den universitären Korrekturbetrieb – sage und schreibe 276 mal griffen in der Folgezeit unzufriedene Studenten auf den vorformulierten Beschwerdebrief zurück.

Mit dem Koffer durch die Lande

Während des Referendariats entfaltet Braunschneider seine schriftstellerische und verlegerische Tätigkeit dann zur vollen Blüte. Er gründet den AchSo! Verlag und reist mit seinem Buch im Koffer zu den verschiedenen Buchhandlungen im Lande. Dort ist man skeptisch: Die Aufmachung scheint doch zu gewagt, fast unseriös. Aber die Studenten kaufen. 1990 hat man bereits einen Verlagsvertreter, vier Jahre später den zweiten. Zwischendurch schließt sich Braunschneider mit seiner Kollegin Liz Thielen zu einer GbR zusammen, 1995 gründen die beiden die AchSo! Verlag GmbH. Ihre heutige Produktpalette, die einen Umsatz von rund 800 000 DM bringt, zieht sich durch alle Rechtsbereiche und wird neuerdings sogar von Rechtsanwälten geordert. „Der

Vorwurf, unsere Bücher würden nur unter der Bettdecke gelesen, stimmt also nicht mehr." Gleichzeitig bleibt Braunschneider seiner Liebe zur Unterrichtstätigkeit treu. Bis heute bietet er Jura-Studenten seine Dienste als Repetitor über die Fachschaft an. „Das ist nicht rentabel, aber für meine Autoren-Tätigkeit sind und bleiben die Studenten meine besten Kritiker und Testpersonen."

Braunschneider contra Beck

Nur mit einem Produkt ist der clevere Geschäftsmann bisher baden gegangen: „Die Le(e/h)rblätter", eine Loseblatt-Sammlung von Schemata, Definitionen und Konkurrenzen für das Strafrecht, aufgemacht wie eine Schönfelder-Nachlieferung des Beck-Verlags. Aufgeschreckt durch den Dekan einer juristischen Fakultät lief Beck gegen diesen „rechtswidrigen Unterschleif" Sturm. Man hatte Angst, der renommierte Gesetzestext würde fortan zur Ablage für „Schummelhilfen" mißbraucht und an Ansehen verlieren. Also begegnet man dem Kleinverleger mit der Wucht eines Großverlags: Bei dem von Beck angegebenen Streitwert der Hauptsache von 3 Mio. DM ging Braunschneider in die Knie – die Kosten des streitigen Verfahrens hätten sich im Falle des Unterliegens immerhin auf 450 000 DM belaufen. Ganz klein gab er jedoch nicht bei – gegen den Kostenansatz im außergerichtlichen Abmahnverfahren hat Braunschneider Verfassungsbeschwerde eingelegt. Das LG und in weiterer Instanz das OLG München habe in der Begründung der Kostenentscheidung keine Äußerung zu seinem Grundrecht der Wissenschaftsfreiheit getan. Im übrigen habe der Beck-Verlag selbst „100 Leerblätter" für den Schönfelder herausgegeben: Wozu sonst, wenn nicht zum Beschriften für lernunwillige Studenten?

Recht und Psychologie

Als seien zwei Karrieren nicht genug, hat sich der rührige Braunschneider 1990 auch noch für das Studienfach Psychologie immatrikuliert. Mittlerweile ist eine Ausbildung zum Therapeuten abgeschlossen; die Diplomarbeit steht vor der Tür.

Wer aber meint, daß sein Zeitplan nun endgültig ausgefüllt sei, der hat weit gefehlt: Seit kurzem stolzer Hausbesitzer, hat der leidenschaftliche Computerfreak schon das nächste Ziel vor Augen: Zwei bis drei Kinder sollten es schon sein. *ke*

Wolfram Brück

Über das Duale System Deutschland wird viel geredet und geschrieben. Seit der Gründung im September 1990 steht der Grüne Punkt im Kreuzfeuer der Kritik – mal mehr, mal weniger. Wir stellen Wolfram Brück (Jahrgang 1937) vor, den Mann, der 1991 die Aufgabe übernommen hat, das Unternehmen DSD zu leiten. Der 58jährige hat die gesamte Bandbreite der „typischen" juristischen Berufe ausgeübt und war immer wieder an der Entwicklung neuer Projekte erfolgreich beteiligt. Nach Studium (1957-1961) und Referendarzeit (1961-1965), jeweils mit Prädikat abgeschlossen, hat er sicher nicht erwartet, wie bunt und abwechslungsreich sein Berufsleben verlaufen würde.

Ganz klassisch beginnt Brück 1966 als Gerichtsassessor beim Landgericht Köln. Wenig später läßt der Frischvermählte sich nach Koblenz versetzen, weil Frau Marianne aus der näheren Umgebung stammt. Dort, während einer Abordnung zur Staatsanwaltschaft, lockt man ihn schnell mit dem Angebot, in kürzester Zeit Staatsanwalt mit selbstgewählter Abteilung sein zu können. Der junge Assessor entscheidet sich für die Abteilung Wirtschaftskriminalität. 1969 klagt er einen der prominentesten Wirtschaftsführer der Nachkriegszeit, Fritz-Aurel Gorgen, damals Chef der Kasseler Henschel-Werke, wegen Betrugs bei Panzergeschäften für die Bundeswehr an. Ein aufsehenerregendes Verfahren.

Doch Zweifel an der Effektivität der Arbeit auf dem Gebiet der Wirtschaftskriminalität lassen Brück bald auf die Suche nach einem anderen Tätigkeitsbereich gehen.

Über seinen ehemaligen Repetitor, den Bundestagsabgeordneten Professor Winfried Pinger, erfährt er von der Umorganisation des Bundestags und der Einrichtung eines Wissenschaftlichen Dienstes. Den CDU-Mann Brück reizt diese neue, politisch geprägte Aufgabe, und er wechselt 1970 nach Bonn. Sieben Jahre ist er Ministerialbeamter beim Wissenschaftlichen Dienst des Deutschen Bundestag. Zwischenzeitlich, 1974 bis 1975, unterstützt er den Bundestagsabgeordneten Walter Wallmann bei seiner Arbeit als Leiter des Untersuchungsausschusses gegen den DDR-Spion Guillaume.

Wahlamt, Treuhand, Grüne Punkte

1977 folgt Brück Wallmann nach Frankfurt am Main, der dort gerade Oberbürgermeister geworden ist. Brück wird Mitglied des Magistrats der Stadt und gleichzeitig Dezernent für Recht/Personal/Organisation. 1986 wird er selbst Nachfolger von Walter Wallmann, der ihn eigentlich in das neue Umweltministerium nach Bonn mitnehmen wollte: „Ich hatte ursprünglich nie vor, Oberbürgermeister von Frankfurt zu werden." Drei Jahre später enden dann auch schon die spannenden und abwechslungsreichen Frankfurter Jahre des Politikers Brück, es ist gleichzeitig das Ende der zwölfjährigen CDU-Ära in der hessischen Metropole.

Brück wird Rechtsanwalt, Schwerpunkt Verwaltungsrecht. Mit der Treuhand-Anstalt hat er einen Beratungsvertrag als Generalbevollmächtigter in Fragen des Kommunalvermögens und der Wasserwirtschaft. Wieder eine Möglichkeit, Aufbauarbeit zu leisten, diesmal in einem gänzlich anderen Bereich.

Auch Pioneerarbeit leistet Brück schließlich seit 1991: erst als Geschäftsführer der DSD, seit 1992 als Vorsitzender der DSD-Geschäftsführung. Erstmalig wird ein ganzer Teil eines Verwaltungsmonopols, nämlich die Abfallentsorgung, aus dem Zuständigkeitsbereich der Kommunen in ein privates Unternehmen überführt. Es geht jetzt darum, der öffentlichen Kontrolle und Aufsicht gerecht zu werden und gleichzeitig die Erwartungen der Wirtschaft zu erfüllen. Ein Balanceakt, der für Brück den Reiz seiner derzeitigen Tätigkeit ausmacht. Bis 1998 ist er vertraglich an das Unternehmen gebunden. Was dann wird, will er – wie immer – auf sich zukommen lassen. „Ich kann mir aber keine Situation vorstellen, die mich veranlassen würde, wieder ganz in die aktive Politik zurückzugehen."

Frohnatur und Schlemmer

Wenn Brück sich von seiner mitunter anstrengenden Tätigkeit entspannen will, stellt er sich gerne hinter den Kochtopf. Seine besondere Vorliebe gilt dabei der rheinischen Küche. Jeden ersten Montagabend im Monat speist er zusammen mit seinem Herren-Gourmet-Club, dann spricht er mit Vergnügen über seine Leidenschaft – eben Essen und Trinken.

Nicht ganz so regelmäßig drischt er Skat. Als Frohnatur feiert und lacht er gerne, viel und laut. Genauso aber weiß er seine Ruhe zu schätzen, in diesen seltenen Stunden liest er mit Vorliebe alles, was mit Geschichte zu tun hat. Sein Lieblingsautor ist Hans Joachim Fest, mit dessen Denkstrukturen, dem Verhältnis zur Geschichte und zum eigenen Volk, er sich besonders identifizieren kann.

Trotz allmorgendlicher Gymnastik und gelegentlichem Tennisspiel mit Sohn Michael ist Brück kein leidenschaftlicher Sportler, dazu schlemmt und raucht er viel zu gerne. Aber den begeisterten Fußballfan nimmt man ihm sofort ab. Als Mitglied des 1. FC Köln (Inhaber einer Dauerkarte) läßt er sich kaum ein Spiel entgehen. Besonders spannend wird es für ihn dann, wenn der FC gegen Eintracht Frankfurt spielt. Denn die Eintracht, deren Verwaltungsrat er einige Zeit vorstand, ist seine andere Lieblingsmannschaft. *jn*

Felix Busse

Her mit dem Taschenrechner! Nicht weil das Kopfrechnen nicht mehr klappt, sondern weil es zu einem unglaubwürdigen Ergebnis geführt hat: Da soll der Manager (er heißt natürlich „Sekretär“) des Deutschen Juristentags 1992 sein 25jähriges Dienstjubiläum feiern, und auf dem Tisch liegt ein Lebenslauf mit dem Geburtsdatum 1940. Aber auch die Kontrollrechnung bestätigt, daß es nicht immer ein würdiger Greis sein muß, der auf ein Vierteljahrhundert verantwortungsvoller Tätigkeit zurückblicken kann, sondern daß Rechtsanwalt Felix Busse seine Aufgabe am 1. Januar 1967 tatsächlich im jugendlichen Alter von 26 Jahren angetreten hat.

Bonn statt NVA

Im Gespräch will man hierzu natürlich Genaueres erfahren, ist dies doch ein Lebensdatum, in dem viele Juristen heutzutage gerade erst fröhlich das bestandene erste Examen feiern. In der Tat weicht der Berufsstart des jungen Busse deutlich von der Norm ab: In Wernigerode im Harz macht er 1958 sein DDR-Abitur. Trotz Notendurchschnitts 1,0 hat er allerdings keine Chance, zum Studium zugelassen zu werden. Denn Voraussetzung ist der freiwillige Einzug in die Nationale Volksarmee – dazu fühlt sich der junge Mann nun gar nicht berufen. Also geht er in den Westen, noch ein Jahr vor seinen Eltern, und macht dort nach einem Internatslehrgang 1959 das Abitur noch einmal, diesmal Ausgabe West: „An die elende Plackerei für das Latinum kann ich mich noch sehr gut erinnern", seufzt der Jurist.

Sofort danach beginnt er in Bonn mit dem Jurastudium – und verliert sein Herz an die Stadt. Nach Zwischenstationen in Kiel und Berlin kehrt er an den Rhein zurück und wird hier Anwalt („Wie ich über den Hauptstadtbeschluß denke, können Sie sich wohl denken!"). Heute liegt seine beeindruckende Kanzlei mit sieben Partnern in Sichtweite des Bonner Amts- und Landgerichts.

Großer Mentor

Aber hier sind wir schon viel zu weit in unserer Geschichte, denn entscheidender Wendepunkt im Leben des Felix Busse war die mündliche Prüfung im ersten Staatsexamen: Auf der anderen Seite des Tisches saß nämlich Redeker. Und der ist von den Prädikatsleistungen des jungen Juristen nach nur 6 Semestern so angetan, daß er ihn sofort anspricht und eine Mitarbeit während der Referendarzeit anbietet. Als die 1966 zu Ende geht, wird Redeker gerade Vorsitzender der Ständigen Deputation des Deutsches Juristentags; sein Wunschkandidat für die täglichen Geschäfte ist Felix Busse, der dieses Amt als Sekretär zur Jahreswende 1966/67 antritt.

25 Jahre Juristentag

Seitdem hat sich der Juristentag erheblich verändert, von knapp 3000 Mitgliedern steigt die Zahl binnen 10 Jahren auf gut 8 000. „Sicherlich wird dies zu einem nicht geringen Teil daran liegen, daß wir weniger wissenschaftliche Grundsatzthemen behandeln, sondern mehr aktuelle Rechtspolitik im Programm haben", meint Busse. Er verschweigt jedoch nicht den Preis dafür: „Wenn man mehr Politik macht, gibt es auch mehr Lobbytätigkeit. Daher hat es immer wieder handfeste Versuche interessierter Kreise gegeben, auf die Besetzung der Abteilungen und vor allen Dingen auf die Auswahl der Gutachter Einfluß zu nehmen". Besonders erinnert sich Busse an die nicht nur intern diskutierten Vorgänge, als (entsprechend der jeweiligen politischen Zeitströmung) in den 70er Jahren die Arbeitsgemeinschaft Sozialdemokratischer Juristen ebenso heftig auftrat wie die Arbeitgeber beim Juristentag in Berlin 1986.

Auf die meisten seiner vielen Juristentage blickt Felix Busse aber mit Freude zurück: „Wir haben viele neue Themen angestroßen, die der Gesetzgeber hinterher aufgriff, so beispielsweise 1972 den Datenschutz. Und die Ergebnisse zur dissenting opinion von Nürnberg 1968 wurden später Gesetz. Hier hatte der Juristentag beschlossen, daß nur den obersten Bundesrichtern dieses Recht zum Minderheitsvotum zustehen sollte." Aber auch das AGB-Gesetz wurde nennenswert beeinflußt.

Selbst dem nicht ganz repräsentativen Abstimmungsergebnis über das anwaltliche Berufsrecht beim letzten Juristentag vermag der Sekretär noch Positives abzugewinnen. Weil sich die konservativen Kräfte gut organisiert hatten, gab es ein Ergebnis, das vom Verlauf der viel liberaleren Diskussionen nicht getragen wurde. Busse: „Da haben die Reformer gemerkt, daß Präsenz wichtig ist. Seitdem haben sie sich viel mehr engagiert und – beispielsweise im Deutschen Anwaltverein – nach München 1990 ganz anders für eine Modernisierung des anwaltlichen Berufsrechts gestritten."

Berge und Borneo

Apropos DAV. Seit 1988 ist Busse hier Vizepräsident, eine nicht unerhebliche weitere zeitliche Belastung des ohnehin überlasteten Fachanwalts für Verwaltungsrecht. Ein Drittel seiner Zeit geht in geraden Jahren für den Juristentag drauf, in den Jahren ohne Tagung etwas weniger. Da blieb in den Augen eines nachdenklicher werdenden Felix Busse oft nicht genug Zeit für seine beiden Kinder. Beide sind längst erwachsen und aus dem Haus – so daß der musisch interessierte Klavierspieler Busse etwas mehr Platz für sein großes Steckenpferd hat: Er sammelt Antiquitäten und moderne Kunst. Busse: „Viel mehr an Hobbies kann ich mangels Freizeit nicht vorweisen." Bergsteigen und Fernreisen nach Indonesien sind dann der wohlverdiente Ausgleich im Urlaub. Dafür erhofft er sich etwas mehr Zeit, wenn er den Stab an einen Nachfolger weiterreicht. Denn sein Silberjubiläum war zwar noch nicht der Anlaß, ans Aufhören zu denken. Nach dem runden 60. Juristentag in Münster jedoch will er einen neuen Sekretär des DJT in die Geheimnisse seines vielfältigen Jobs einweihen. *hjb*

Nachtrag: Seit 1995 ist Busse neuer Präsident des DAV.

Herta Däubler-Gmelin

Ein wenig fühlte sich der Betrachter an die berühmt gewordene Frage erinnert, als die damals noch kleinere Bundesrepublik darauf wartete, DDR-Chef Honecker mit allen Ehren als Staatsgast empfangen zu dürfen: „Kommt er – oder kommt er nicht?" Denn das Gerangel um die Wahl von Dr. Herta Däubler-Gmelin zur Verfassungsrichterin hat im deutschen Blätterwald zwischenzeitlich ähnlich kuriose Formen angenommen. Aber ob sie nun tatsächlich dem scheidenden BVerfG-Vize Mahrenholz im Amt folgte oder nicht: Ein Blick auf das Leben einer der profiliertesten Juristinnen in der deutschen Politik lohnt allemal.

Gegensätze

Geboren wurde die Schwäbin mit einer ausgeprägten Vorliebe für Zartbitter-Schokolade am 12. August 1943 in Preßburg. Ihre Jugend verbrachte sie in Tübingen, wo ihr Vater jahrelang Oberbürgermeister war. Sie studiert Jura und Volkswirtschaft in Tübingen sowie in Berlin, wo sie 1965 der SPD beitritt. Die Referendarzeit mit Stagen in einer Berliner Kanzlei für Internationales Wirtschaftsrecht sowie beim ÖTV-Hauptvorstand in Stuttgart zeigte erneut diesen Wechsel zwischen Weltstadt und Beschaulichkeit, der ähnlich unvereinbar scheint wie andere ungewöhnliche Kombinationen: Bei den Lieblingskomponisten steht Mozart neben Mahler obenan (die Musikbegeisterte singt selbst) – und der Vorsitz der Arbeitskreise „Recht“ und „Gleichstellung der Frau“ in ihrer Bundestagsfraktion stand der Herausgabe von „Hertas Kochbüchle“ mit schwäbischen Spezialitäten ebenfalls nicht im Wege. Auch bei ihrer Selbsteinschätzung persönlicher Eigenschaften stehen Streitlust und Ungeduld auf der einen Seite einem ausgeprägten Harmoniebedürfnis und Integrationsfähigkeit auf der anderen Seite gegenüber.

Gerade die Fähigkeit zur Integration wird von Kritikern freilich abgestritten, neben ihrer beachtlichen Parteikarriere ist es das meistgenannte Argument gegen ihre Bewerbung nach Karlsruhe (nimmt man den hämischen Hinweis der Frankfurter Rundschau auf die Note im zweiten Staatsexamen einmal beiseite, das wegen Schwangerschaft und Bundestagswahl nicht wie das erste mit Prädikat bedacht wurde). Als detailbesessenen und belesenen Workaholic hat eine Journalistin sie beschrieben, sie sei eine Juristin, die „auf ähnliche Art wie Hans-Jochen Vogel verletzend und ungeduldig“ sein könne (Deutsches Allgemeines Sonntagsblatt).

Rechtspolitik

Aber ob man nun meint, Verfassungsrichter und -richterinnen müßten ein gemütlicheres Naturell haben, damit sie so recht ins schöne Karlsruhe passen, oder ob dem zweifelnden Juristen die Fähigkeit zur zähen Schreibtischarbeit nicht sogar recht vorteilhaft für eine Richterkarriere erscheint – eins ist klar: In der Rechtspolitik, die ja letzthin deutlich von grauen Anzügen zu roten Roben hin verlagert wird, kennt sich Herta Däubler-Gmelin bestens aus. Denn schon vor ihrer Wahl in den Bundesvorstand der SPD 1979 hat sich die Rechtsanwältin mit OLG-Zulassung intensiv um juristische Belange gekümmert. So war sie von 1982 bis 1988 Vorsitzende der innen- und rechtspolitischen Kommission beim Parteivorstand, hat sich als Bundestagsabgeordnete (ab 1972) besonders mit Wirtschaftsrecht, Abzahlungsgesetz, Verbraucherrechtsfragen und AGB-Gesetz sowie mit Verfassungsrecht, Staatsschutz und Antiterrorgesetzgebung befaßt.

Mehrere Jahre war sie Vorsitzende des Rechtsausschusses im Deutschen Bundestag, seit Oktober 1991 ist sie Mitglied sowohl im Verfassungsausschuß als auch in der Föderalismuskommission des Bundestags und hat sich verstärkt um vereinigungsbedingte Rechtsfragen gekümmert.

Nimmt man den ehelichen Gedankenaustausch mit dem bekannten Arbeitsrechtler Wolfgang Däubler hinzu, kann man die Schwäbin und ehemalige Schülerin der Professoren Bettermann, Herzog und Stern, die eine Dissertation über Bildungsurlaub schrieb, zumindest nicht für weniger qualifiziert halten als frühere Verfassungsrichter, die wie der seinerzeitige Ministerpräsident von Baden-Württemberg Gebhard Müller oder Ex-Innenminister Ernst Benda ebenfalls über eine klar politische Schiene nach Karlsruhe gerollt sind. Auch ihr möglicher Vorgänger Ernst Gottfried Mahrenholz, der ja einmal ein Funkhaus geleitet hat, kann nicht auf eine klassische Richterkarriere zurückblicken.

Widerstände

An der Qualifikation kann es also nicht liegen, daß diesmal der Widerstand besonders heftig ist. Möglicherweise ist es doch mehr die Politikverdrossenheit, die ja eigentlich eine Politikerverdrossenheit ist. Das über Jahrzehnte gepflegte Verfahren, die Verfassungsrichter heimlich, still und leise durch den sogenannten Wahlmännerausschuß bestimmen zu lassen, hat diesmal wegen des Widerstands der Christdemokraten nicht funktioniert – und in der nun äußerst offen geführten Diskussion über Nachfolgefragen richtet sich ein nicht unerheblicher Teil der Kritik weniger an die Kandidatin als vielmehr gegen die Undurchschaubarkeit einer Richterkür durch Parteiobmänner und -obfrauen. Frau Däubler-Gmelin ficht das nicht an; sie ist fest entschlossen, ihre Vielzahl von Partei- und Fraktionsämtern und zahlreiche andere Aufgaben gegen die Herausforderung zu tauschen, das Recht nicht mehr dort zu bestimmen, wo Ideen zum Gesetz werden, sondern dort, wo diese Gesetze immer häufiger erst ihren Gültigkeitsstempel bekommen.

Der Titel eines ihrer vielen Bücher „Frauenarbeitslosigkeit oder zurück an den Herd?“ dient jedenfalls nicht als Grundlage für die weitere Zukunftsplanung im Hause Däubler-Gmelin. Schließlich sind die Kinder (die 20jährige Tochter studiert Medizin in Rostock und der 18jährige Sohn geht in Tübingen aufs Gymnasium) doch in einem Alter, das viele Mütter zum Anlaß für eine Rückkehr in das Berufsleben nehmen. Ob Bonn oder Karlsruhe: Von dieser Frau wird man noch hören. *hjb*

Nachtrag: Wie bekannt, wurde nichts aus der Nominierung als Verfassungsrichterin.

Heinz A. Ebben

Um ein friedvolles Miteinander zwischen Nachbarländern zu ermöglichen, bedarf es steter Pflege und eines besonderen Fingerspitzengefühls. Der Jurist Dr. Heinz A. Ebben hat sich in vielfältiger Weise für gegenseitiges Verständnis und Aussöhnung von Deutschen und Niederländern eingesetzt, für ein Verhältnis also, das in den letzten Jahren immer wieder mal für Irritationen gesorgt hat. Grund genug, Ebben hier in einem Porträt vorzustellen.

Schon in erstaunlich früher Jugend steht für den 1929 geborenen Jungen vom Niederrhein (Kleve – kurz vor der holländischen Grenze) völlig unzweideutig fest: „Ich werde Jurist!“ Doch er sieht seinen Lebensweg nicht als Richter, wie der Vater, oder als Rechtsanwalt. Er möchte vielmehr im Bereich zwischen Wirtschaft und öffentlicher Verwaltung aktiv mitgestalten.

Die endgültige Entscheidung aber hält er sich zuerst noch offen: Nach dem juristischen Studium in Köln und Münster (1949-1952) und dem Vorbereitungsdienst (1953-1957) u.a. an der Verwaltungshochschule Speyer und bei der Bundesvereinigung der Arbeitgeber in Köln Promotion über ein gesellschaftsrechtliches Thema bei Professor Erman in Münster. Erst mit zwei Prädikatsexamen und dem Doktortitel in der Tasche entscheidet er sich für die Verwaltungslaufbahn. Es dauert nicht lange, und der junge Assessor hat sein Metier gefunden. Bereits bei der Kreisverwaltung verspürt er große Begeisterung für die Arbeit der Kommunalverwaltung: Hier besteht die Möglichkeit, Dinge unmittelbar zu bewegen, wie er es immer gewollt hat.

1961 kommt er zum Kultusminister in die Landeshauptstadt Düsseldorf, und dort begegnet ihm zufällig auf dem Flur ein Kollege, der erzählt, daß die deutsch-niederländische Grenzstadt Emmerich (30 000 Einwohner) einen neuen Stadtdirektor sucht. Er bewirbt sich. Und von da an geht alles sehr schnell: Am 2. Mai 1962, dem Tag der Grundsteinlegung für die Rheinbrücke in Emmerich, tritt der noch parteilose Ebben mit gerade 33 sein Amt an, das er 22 Jahre innehaben wird.

Europa am Niederrhein

Für Ebben bietet sich nun ein weites Feld, in dem er sich besonders um wirtschaftliche wie kulturelle Integration der Grenzregionen bemüht: „Die Grenzregionen müssen den wesentlichen Beitrag für ein vereintes Europa erbringen“. Beispielhaft für zahlreiche von ihm geprägte Initiativen seien hier nur kurz einige Organisationen erwähnt: Kommunalgemeinschaft Regio Rhein-Waal (heutige EuRegio); Bundesgemeinschaft für Deutsch-Niederländische Kulturarbeit, ein Dachverband, zu dem auch die Deutsch-Niederländische Juristenkonferenz gehört, sowie Liemers-Niederrhein, eine Vereinigung für kulturelle Grenzkontakte. Ohne je einen Sprachkurs besucht oder in ein Lehrbuch geschaut zu haben, spricht der überzeugte Europäer Ebben seit langem Holländisch – so fließend, daß manche ihn für einen niederländischen Landsmann halten. Seinem persönlichen Einsatz in der Sache war dies sehr dienlich.

Sein kommunalpolitisches Engagement für deutsch-niederländische Belange führt zu einem ständigen engen Kontakt mit der Deutsch-Niederländischen Handelskammer in Den Haag. Anfang 1984 soll er für sieben Jahre deren Hauptgeschäftsführung übernehmen. Das ist nicht ganz einfach, denn die Amtszeit des Verwaltungschefs läuft noch zwei Jahre. Man schafft deshalb einen Präzedenzfall und beschließt, daß die Geschäftsführung in Den Haag im öffentlichen Interesse des Landes Nordrhein-Westfalens liegt: Ebben wird für den Rest seiner Amtsperiode ohne Bezüge beurlaubt, damit er die neue Aufgabe übernehmen kann.

Seit der Wiedervereinigung fördert die Handelskammer besonders intensiv die Wirtschaftsbeziehungen zwischen den neuen Bundesländern und den Niederlanden. 1991 ist das Jahr, in dem der 62jährige eigentlich den Ruhestand antreten möchte. Doch der damalige Thüringer Minister für Wirtschaft und Verkehr kann ihn für ein halbes Jahr als Berater in Fragen der Wirtschaftsförderung gewinnen. Bald ist er rund um die Uhr als Gründungsgeschäftsführer der Thüringer Landeswirtschaftsförderungsgesellschaft m.b.H. (TLW) im Einsatz. Ebben dazu: „Pionierarbeit! Aber rückwirkend betrachtet die interessanteste und aufregendste Zeit in meiner ganzen Berufstätigkeit."

Mit Ostangelegenheiten hat Ebben weiterhin als Rechtsanwalt zu tun: Seit der Zulassung im Mai 1991 ist er Partner in einer Klever Rechtsanwaltskanzlei. Schwerpunkt ist das öffentliche Bau- und Bauplanungsrecht. Als Vorsitzender eines Umlegungsausschusses über 25 Jahre hinweg kennt er sich in diesem Bereich bestens aus.

Jetzt Köstritzer Schwarzbier

Das Zusammenwachsen zwischen Ost- und Westdeutschland ist Ebben heute zu einem besonderen Anliegen geworden. „Wenn sich morgen in Ostdeutschland wieder eine interessante Aufgabe auf dem Gebiet der Wirtschaftsförderung bietet, ist es gut möglich, daß er anbeißt," meint Ehefrau Gertrud. Der Vater von drei erwachsenen Kindern, inzwischen auch begeisterter Großvater, lebt für die Zukunft, redet nicht viel von gestern. Es ist deshalb kaum anzunehmen, daß der oft Geehrte sich auf seinen Lorbeeren ausruhen will.

Private Wirtschaftsförderung für ostdeutsche Produkte betreibt er übrigens schon seit längerem: Wenn er sie im Laden sieht, freut er sich und zieht diese gerne westdeutschen Produkten vor. Besonders liebt er Thüringer Bratwurst und Köstritzer Schwarzbier. *jn*

Hertha Engelbrecht

Die Geschäftsstelle des Deutschen Juristinnenbundes (DJB) hat bald Geburtstag. 10 Jahre wird sie alt, ohne daß es jemand besonders bemerkt hätte. Sogar die Geschäftsführerin Dr. Hertha Engelbrecht, die es eigentlich am besten wissen müßte, zeigt sich überrascht. Dabei hatte sie 1985 selbst mit dem Aufbau des Bonner Büros begonnen. Auf Anregung der damaligen Vorsitzenden des DJB, der Hamburger Presserechtlerin Renate Damm, machte sie das Einraumbüro im Sträßchensweg 28 zum Vereinsmittelpunkt. Seither ist die Juristin (Jahrgang 1922) Ansprechpartner für die DJB-Mitglieder sowie Parlamentsinstitutionen, Parteien, Behörden, Verbände und Medienvertreter. Als Schaltstelle zwischen den jeweils zuständigen Vorstandsmitgliedern, Kommissionsvorsitzenden und Untergruppen nimmt Frau Engelbrecht Termine im Bonner Raum wahr und beschafft öffentliche Mittel für die Institution.

Heute hat sie beste Verstärkung durch Rechtsanwältin Martina Bosch, ist aber unbestritten die Seele der Bonner Geschäftsstelle geblieben. Ein ungewöhnliches Engagement für eine inzwischen 74jährige?! Wen wundert's bei einer, die sich auch noch in diesem Alter fast täglich auf den hohen Rücken eines Pferdes schwingt.

Von Hamburg über Harvard nach Bonn

Es ist 43 Jahre her, seit die Hamburger Senatsdirektorin a.D. der 1948 gegründeten Vereinigung von Juristinnen, Volks- und Betriebswirtinnen beigetreten ist. Damals wurde sie jedoch nur deshalb Mitglied, weil sie gerne ein State Department Stipendium an der Harvard Law School, Cambridge/Mass., haben wollte, und dafür verlangte man von ihr den Nachweis einer sogenannten staatsbürgerlichen Tätigkeit. Gerade zwei Prädikatsexamen in der Tasche und bei der Verwaltung der Freien und Hansestadt Hamburg eingestiegen, scheidet die Assessorin auch schon wieder mit Freuden aus dem Dienst aus: Sie hat das ersehnte Stipendium erhalten und darf für das Studienjahr 1953/54 nach Amerika gehen. Mit einer vergleichenden Doktorarbeit im anglo-amerikanischen Recht, dem Titel als akademisch geprüfte Übersetzerin (Englisch Hauptfach, Note „Gut") des Dolmetscherinstituts der Heidelberger Universität, praktischer Erfahrung als Dolmetscherin am Hamburger Oberlandesgericht (1945-47) und einer naturgegebenen Neugier ist sie für dieses kleine Abenteuer bestens ausgestattet. Nach ihrer Rückkehr kann sie erneut eine Verwaltungslaufbahn in Hamburg beginnen. Die guten Sprachkenntnisse vertieft, wird sie vereidigte Dolmetscherin der englischen Sprache des Landes Hamburg und praktiziert bis etwa 1964 nebenher auch noch als Übersetzerin.

Es ist ein Rosenmontag, an dem die Rechtsreferentin 1958 in der Vertretung der Freien und Hansestadt Hamburg in Bonn dem späteren Bundesverfassungsrichter „Kater" Katzenstein nachfolgt. „Unsere Frau Doktor" bleibt 37 Jahre bei der Landesvertretung, zuletzt als Dienststellenleiterin (1982-1985). Der Schwerpunkt ihrer Arbeit liegt beim Rechtsausschuß des Bundesrates, wo man insbesondere ihr diplomatisches Verhandlungsgeschick zu schätzen weiß. Ihr rechtspolitisches Engagement beschränkt sich jedoch nicht nur auf den Beruf und die ehrenamtlichen Tätigkeiten im Juristinnenbund, sondern findet auch in der Ständigen Deputation des Deutschen Juristentages ein weites Betätigungsfeld: In der Zeit ihrer Mitgliedschaft von 1970 bis 1982 gestaltet sie sechs Juristentage inhaltlich mit.

Globetrotter in Frauenfragen

Über ihre verdienstvolle Arbeit im Juristinnenbund (u.a. Vorsitzende von 1965-1967), als langjähriges Vorstandsmitglied des Deutschen

Frauenrates (1964-1980) und als aktives Mitglied von Soroptimist International in Bonn Bad-Godesberg setzt sich Hertha Engelbrecht besonders für Frauenbelange ein. So befaßt sie sich z.B. seit 25 Jahren intensiv mit der Reform des § 218 StGB, weswegen sie auch 1974 nach dem Urteil des BVerfG zum Schwangerschaftsabbruch das erste (und einzige) Mal zu einer Demonstration auf die Straße geht.

Kongresse und Delegationsreisen insbesondere für den Deutschen Frauenrat haben sie in interessante Länder wie Tunesien, Israel, Zaire, UdSSR und in die Volksrepublik China geführt, wo sie durch ihre brillanten Englischkenntnisse manchen internationalen Kontakt aufbauen konnte. Aus gesundheitlichen Gründen darf sie solche strapaziösen Reisen leider nicht mehr unternehmen. Heute fährt sie deshalb mit besonderer Vorliebe in die Provence und hofft jedesmal, dort endlich die Zeit für ihre Aquarellmalerei zu finden, die sie zu Haus bislang nicht hat. *jn*

Gabriele Gordon (Wolff)

Doppelkarrieren sind außergewöhnlich und selten – besonders dann, wenn sie in unterschiedlichen Disziplinen gleichzeitig gelingen. Gabriele Gordon arbeitet nicht nur erfolgreich als Oberstaatsanwältin in Neuruppin, sondern ist auch als Schriftstellerin unter ihrem Mädchennamen Gabriele Wolff bekannt geworden.

Zahlreiche Erzählungen, Kriminalromane und Stücke für Rundfunk und Fernsehen sind ihrer Schreibmaschine entsprungen. Gordon und Wolff: zwei Namen, die für zwei Karrieren einer temperamentvoll-dynamischen Frau stehen.

Zunächst aber gilt: Aller Anfang ist schwer. Die erste Kurzgeschichte entwirft die gebürtige Düsseldorferin (Jahrgang 1955) bereits im zarten Alter von 9 Jahren. Die Schwester bietet dafür immerhin zwei Mark. Mit 15 beginnt sie einen Teenager-Roman, meint aber bald, dafür zu alt zu sein. Nach einer kurzen Lyrikphase, aus der drei pubertäre Gedichte über Liebe und Tod hervorgehen, schreibt sie Satiren. Etwa zur gleichen Zeit ruft sie eine Schülerzeitung ins Leben, die allerdings mangels Sponsoren schon nach zwei Ausgaben eingestellt wird.

1974 macht Gordon Abitur und will Journalistin werden. Sie bewirbt sich bei Zeitungen, wird jedoch abgelehnt. Den Journalismus anfänglich noch im Hinterkopf, beginnt sie dann ein juristisches Studium. Schnell fängt sie für das Strafrecht Feuer: „Weil man da am direktesten mit Menschen zu tun hat“.

Karl May und der Große Preis

In dieser Zeit tritt die Studentin bei Wim Thoelke im Großen Preis auf: Mit ihrem Spezialthema „Karl May" gewinnt sie viermal und trägt schließlich 16.000 Mark nach Hause. Mit dem Geld kann das langjährige Mitglied der Karl-May-Gesellschaft das Studium finanzieren. Als Referendarin bei der Staatsanwaltschaft am Landgericht Aachen ist sie dann von der Arbeit begeistert und bald entschlossen, Staatsanwältin zu werden. Doch nach dem zweiten Staatsexamen 1982 heißt es: Warten – fast zweieinhalb Jahre. Dann erst wird eine Stelle frei. Die Assessorin übt sich in Geduld, um die Wartezeit zu überbrücken, eröffnet sie eine Rechtsanwaltspraxis, die jedoch nicht viel mehr Geld einbringt als sie kostet. Im Frühjahr 1985 ist es dann endlich soweit, sie kann als Staatsanwältin in Duisburg beginnen.

Kölscher Kaviar

„In ihrem Freundeskreis war ein ziemlicher Unglaube entstanden, als sie freudestrahlend, über zwei Jahre nach ihrem letzten Examen, endlich eine erfolgreiche Bewerbung verbuchen konnte. ... Das Gespräch, einen Tag vor Weiberfastnacht, war sehr erfreulich gewesen. Erleichtert hatte sie sich draußen eine Zigarette angezündet. Pünktlich am Vormittag von Aschermittwoch – ihr Schädel brummte nicht schlecht, als sie zum Telefon wankte – teilte man ihr mit, daß man ihre Einstellung befürworten würde."

Diese Passage steht später in dem Debüt-Roman „Kölscher Kaviar", der 1990 beim Hamburger Verlag am Galgenberg und dann beim Fischer Taschenbuch Verlag verlegt wird, heute bereits in der 2. Auflage (15 000 Exemplare). Die Hauptfigur dieses Buchs und auch weiterer Kriminalromane (Himmel und Erde, Armer Ritter, Rote Grütze) ist eine Kölner Staatsanwältin Beate Fuchs (sic!) – kein direktes Portrait der Staatsanwältin Gordon, aber, wie die Autorin selbst einräumt, mit ihren Zügen. Die einzige wirklich authentische Figur in ihren Romanen ist Kater Humphrey.

Still und starr ruht der See

Im Sommer 1992 wird Gordon für drei Monate zur Staatsanwaltschaft nach Neubrandenburg abgeordnet. Es liegt wohl nicht nur am schönen Müritz-See, daß die Staatsanwältin nach ihrer Rückkehr einverstanden ist, langfristig im Osten zu arbeiten. Nach der Erprobung beim Generalstaatsanwalt in Düsseldorf wechselt sie nach Neuruppin, zehn Monate später ist sie Oberstaatsanwältin. Seither fährt das segelbegeisterte Ehepaar Gabriele und Jeremy Gordon, wann immer Zeit und Wetter es erlauben, zum Bootshaus hinaus.

Mitgearbeitet hat Gordon auch an der Serie „W.P. Anders – Jugendgerichtshelfer", in der Christian Quadflieg die Hauptrolle spielte und Regie führte. Sie wurde leider nach der vierten Folge eingestellt. Aber: Nicht ihre Schuld – sie schrieb das Drehbuch zur sechsten Folge. Vielleicht hat sie mit ihrem neuesten Entwurf einer Anwaltsserie mehr Glück? Die Juristin pflegt übrigens intensiv ein weiteres Hobby: Sie liest. Unmengen, wie sie sagt. Mit Vorliebe Kriminalromane. Was sonst?!

Zum Abschluß ein Hinweis für alle, denen ein Geschenktip fehlt: Still und starr ruht der See – Kleine Frauenkrimis zum Fest, herausgegeben von Gabriele Wolff. *jn*

Karin Grasshof

Seit Gründung des Bundesverfassungsgerichts 1951 präsentierte sich der Erste Senat des Obersten Gerichts vorbildlich beim Thema Gleichberechtigung in der Justiz. Als das Wort „Quotenfrau" noch nicht erfunden war, gab es dort Erna Scheffler (1951-1963), dann Wiltraut Rupp-von-Brünneck (1963-1977) und später Giesela Niemeyer (1977-1989), der schließlich Helga Seibert (seit 1989) nachfolgte. Der Zweite Senat hingegen mußte 35 – rein männliche – Jahre neidvoll zu seinem Zwilling schielen, bis er im Oktober 1986 endlich seine erste Richterin erhielt. Sein „Gruppenbild mit Dame" schmückt seither die parteilose Juristin Dr. Karin Graßhof, die wie alle bisherigen Verfassungsrichterinnen von der SPD vorgeschlagen wurde. Für die nunmehr gesetzlich vorgesehene Zeit von zwölf Jahren übernahm sie den Sitz von Hans Justus Rinck, dem letzten auf Lebenszeit ernannten Verfassungsrichter.

Von Kiel nach Karlsruhe

Das juristische Studium und die Referendarzeit absolvierte die gebürtige Kielerin (Jahrgang 1937) in ihrer Heimatstadt sowie in Lausanne. Zeitweilig war die praktizierende evangelische Christin Assistentin an der Kieler Universität, wo sie 1964 promovierte. Kaum das zweite

Staatsexamen in der Tasche und als Gerichtsassessorin in Kiel ernannt, folgte sie 1966 einer Abordnung nach Bonn ins Justizministerium. Dort lernte sie ihren Mann kennen, und die damalige Bundeshauptstadt wurde ihr Lebensmittelpunkt. Als Mutter zweier Söhne machte Karin Graßhof in der Justiz – mit Zustimmung und Unterstützung der Familie – Karriere: Sie wechselte zum Bonner Landgericht; zehn Jahre war sie dort tätig, unterbrochen durch eine zweijährige Abordnung an das nordrhein-westfälische Justizprüfungsamt, dann wurde sie 1977 an das OLG Köln berufen.

Durch ihre Senatsarbeit unter anderem im Familienrecht sammelte sie Erfahrungen, die sie in einer Kommentierung des materiellen Scheidungsrechts im Reichsgerichtsräte-Kommentar umsetzte.

Aufstieg zur Bundesrichterin

Zwei Jahre hatte Karin Graßhof den stellvertretenden Vorsitz im 25. Zivilsenat des OLG Köln inne, als man sie 1984 zur Bundesrichterin nach Karlsruhe wählte. Dort wurde sie Mitglied des Anwaltsenats und des IX. Zivilsenats, zuständig u.a. für Konkursrecht und Zwangsversteigerung.

Vom BGH war der Weg zum Bundesverfassungsgericht nicht mehr weit: Nach dem gesetzlichen Schlüssel mußten in beiden Senaten jeweils mindestens drei frühere Mitglieder von Bundesgerichten sitzen, die SPD wollte eine Bundesrichterin vorschlagen – und das war Karin Graßhof. *jn*

Otto Gritschneder

Wetten, daß Sie von Dipl.-Volkswirt Dr. Otto Gritschneder, Rechtsanwalt in München, schon viel gelesen haben? Und alle Ihre Freunde auch, selbst wenn die mit der Juristerei gar nichts am Hut haben! Vielleicht kennen Sie den Namen nicht, darum sei der Mann hier heute vorgestellt. Bei Drucklegung aktuelle aber nicht einzige Begründung: Am 11. Januar 1994 wurde er 80 Jahre alt. Oft scheint es beim Verfassen dieser Rubrik so, als könne man auf begrenztem Platz dem Werk und der Person des porträtierten Juristen nicht gerecht werden. Man versucht es halt dennoch. Diesmal gleich das Eingeständnis: Für Otto Gritschneder müßte es ein Buch sein, zuviel hat er erlebt, zuviel gemacht, zuviel geschrieben. Hier also nur die knappe Skizze eines ungewöhnlichen Menschenlebens.

Bayerischer Katholik

In München, das bis heute Heimat und Wirkungskreis blieb, wird Otto Gritschneder Anfang 1914 geboren. 1924 geht der Junge auf das Wittelsbacher-Gymnasium, wo Geheimrat Gebhard Himmler Rektor ist. „Das war ein frommer Mann," betont der Jurist, „der kann doch nichts dafür, daß sein Sohn Heinrich mißriet." Der streng katholisch erzogene Gritschneder selbst hat seinen ersten Zusammenstoß mit den Nazis kurz vor der Abiturfeier 1933: Mit einigen Freunden stört er das Absingen des Horst-Wessel-Liedes, ruft lauthals Pfui und verläßt die Aula. Daß er zur selben Zeit, Ende März 1933, auch noch in die Bayerische Volkspartei eintritt, soll er noch zu spüren bekommen. Doch zunächst studiert er relativ unbehelligt Rechtswissenschaften, tritt in die älteste CV-Verbindung Aenania in München ein. Bereits nach drei Jahren macht er im April 1936 sein erstes Examen.

Aufrecht gegen die Nazis

Doch schon bald gerät er mit den braunen Machthabern aneinander. Am 22. Juli 1937 beginnt der Sondergerichtsprozeß gegen den (inzwischen seliggesprochenen) Jesuitenpater Rupert Mayer. Den hatte man wegen „Kanzelmißbrauchs" und Vergehens gegen das „Heimtückegesetz" angeklagt. Ein Bundesbruder von Gritschneder macht Photos, er selbst stenographiert die Verhandlung komplett mit. Das interessierte die Gestapo, Beschlagnahme und Verhör waren die Folge. Diesem Mut verdanken wir das einzigartige und als Buch erschienene Dokument von Versuchen der Nazis, den Klerus mundtot zu machen.

Zugleich promoviert Gritschneder aber auch, und zwar bei Edmund Mezger über das kritische Thema „Die Bedeutung der entsprechenden Anwendung der Strafgesetze und der sogenannten Wahlfeststellung für die vermögensrechtlichen Tatbestände des Strafgesetzbuchs für das Deutsche Reich". Hinter diesem durchaus unhandlichen Titel verbarg sich eine Abrechnung mit § 2 des damals geänderten StGB: „Bestraft wird, wer eine Tat begeht, die das Gesetz für strafbar erklärt oder die nach dem Grundgedanken eines Strafgesetzes und nach gesundem Volksempfinden Bestrafung verdient...", also die Abkehr vom rechtsstaatlichen Prinzip nulla poena sine lege. Natürlich erklärte der NS-Studentenbund die Arbeit für unerwünscht und sorgte dafür, daß die 200 Reichsmark Promotionsgebühren nicht wie erwartet erlassen wurden. Nun kam es, wie es kommen mußte. OLG-Präsident, Anwaltskammer, NS-Rechtswahrerbund, Gauleitung München/Oberbayern, sie alle schreiben sich die Finger wund, um die Zulassung des 1939 frischgebackenen Assessors zur Rechtsanwaltschaft zu verhindern. „Vollkommen klerikal und jesuitisch" sei er, dreist einfach nicht in die Partei eingetreten, kurzum „ein Typ, der einem Nationalsozialisten von Grund auf zuwider ist." So wird er zwangsrekrutiert und geht als Sanitätssoldat für fünfeinhalb Jahre in den Krieg. Im Elsaß, wo er zeitweise stationiert ist, lernt er seine Ehefrau kennen und heiratet sie noch 1941. Neun Kinder und eine große Schar Enkel gehen daraus hervor.

1945 ist es dann endlich soweit, die Amerikaner sorgen dafür, daß er seine Zulassung als Anwalt bekommt. Wer nun aber glaubt, ein aufrechter Jurist ohne braune Flecken auf der Weste sei willkommen, der kennt damalige Anwaltsfunktionäre nicht: Der Kollege, der die Gesuche zu bearbeiten und an die Besatzungsmacht weiterzugeben hatte, verweigert schlicht eine Behandlung von Gritschneders Gesuch, erst einmal seien jetzt die bisherigen Anwälte an der Reihe.

Anwalt und Publizist

Rund 20 000 Prozesse folgen in den Jahrzehnten eines erfüllten Juristenlebens. Kleine Leute hat er als Mandanten, große auch. Als er Rudolf Augstein gegen Franz Josef Strauß vertritt, in der Spiegel-Affäre ist das, sorgen die Bischöfe dafür, daß er keine juristischen Glossen mehr für kirchliche Blätter schreiben kann. Ein Vorgang, den er noch heute schlimm findet.

Ein Buch über Vera Brühne erregt Mißfallen der Kollegen, die Kammer will ein ehrengerichtliches Verfahren. Erst der Generalstaatsanwalt, welch Widersinn, hilft und verweigert die Einleitung standesrechtlicher Maßnahmen.

Auch gegen den juristischen Pressedienst (wir kommen also zur Auflösung des Rätsels) gehen vermeintliche Standesrechtswahrer vor, ausnahmslos ohne Erfolg. 1953 gründet Gritschneder diesen Service, der Rundfunkstationen und Zeitungen pressegerecht aufbereitete Rechtsinformationen anbietet. Über 32 000 Artikel, meist nur kurze Meldungen über aktuelle Entscheidungen, sind seitdem erschienen und von den meisten Tageszeitungen nachgedruckt worden, nachdem Gritschneder sie „ins Deutsche übersetzt" hat. Ein Sohn ist in Kanzlei und Pressedienst eingetreten, so daß sich der Senior verstärkt um das Bücherschreiben kümmern kann – gerade jetzt kommt sein neuestes Werk auf dem Markt: „Der Führer hat Sie zum Tode verurteilt", eine rechtshistorische Aufbereitung der Morde beim sogenannten Röhm-Putsch. Zahlreiche weitere Literatur stammt aus seiner Feder, „Anwaltsgeschichten" und „Angeklagter Ludwig Thoma", Themen zu Presserecht und Persönlichkeitsschutz, über rechtliche Tagesthemen und philosophische Fragen. Ein unbequemer, geistvoller Mahner unserer Branche. *hjb*

Jürgen Gündisch

Nein, ideal sind die Voraussetzungen für eine politische Karriere nicht: Als Freiberufler mit großer Familie und kleinem Vermögen gehört man eigentlich nicht zu den typischen Volksvertretern in unserer Parteiendemokratie. Rechtsanwalt Dr. Jürgen Gündisch LL.M. freilich ist einer der wenigen Advokaten, die sich mehr als nur gelegentlich um das öffentliche Wohl verdient machen. Über ein Dutzend Jahre saß er in der Hamburger Bürgerschaft, war dort stellvertretender CDU-Fraktionsvorsitzender und justizpolitischer Sprecher. Seit 1968 ist er zudem Mitglied des Richterwahlausschusses der Freien und Hansestadt Hamburg, seit 1980 auch Richter am Hamburgischen Verfassungsgericht. Dabei fing alles eigentlich ganz anders an, vor allem sehr viel südlicher. Der Vater war gebürtiger Siebenbürger Sachse und als Anwalt in Budapest tätig, wo der 1929 geborene Gündisch bis Kriegsende lebte. Dann floh die Familie ins benachbarte Österreich und ging später nach Ulm, wo der Sohn 1947 sein Abitur machte. Ein richtiger Auslandsdeutscher mit Fluchtgeschichte also.

Aber auch nach dem Ende der Schulzeit will noch kein hanseatischer Jurist aus Gündisch werden. Denn zunächst besucht er eine Journalistenschule in München, merkt aber recht schnell, daß der Beruf des Vaters doch seine Vorzüge hat. Ab 1948 dann also ein Studium der Rechtswissenschaft in München, anschließend in Tübingen, wo er 1951 das erste Examen besteht.

Von Budapest nach Harvard

Nun kommt, wie Gündisch selbst sagt, ein für sein weiteres Leben absolut prägender Einschnitt: Er studiert 1952/53 an der Harvard Law School und schließt dort mit einer geradezu prophetisch anmutenden Arbeit ab: „Political questions before the Supreme Court and the German Federal Constitutional Court". Amerika nimmt den jungen Deutschen so gefangen, daß er Anfang der sechziger Jahre, bereits im Berufsleben stehend, noch einmal in die USA geht. Eine Ford Fellowship an der Cornell Law School nimmt er zum Anlaß, seiner kurz zuvor angetrauten Frau das Land zu zeigen, dessen Lebensumstände und Lebensphilosophie so großen Einfluß haben. Gündisch meint heute, ohne diese gemeinsame Zeit mit seiner Frau (sie ist Malerin und Kunsterzieherin) hätte man möglicherweise in der Ehe sehr viel mehr aneinander vorbeigeredet und viele gemeinsame Dinge nicht miteinander teilen können.

Hanseatischer Advokat

Aber erst einmal promoviert Gündisch 1954 in Tübingen, bevor er zwei Jahre später sein Assesorexamen in Stuttgart besteht. Großen Einfluß hat sein Lehrer Konrad Zweigert. Danach erste Berufstätigkeit am Max-Planck-Institut für ausländisches und internationales Privatrecht in Tübingen, wo er bereits als Assistent gearbeitet hatte. Hier wird er Referent für nordamerikanisches und ungarisches Recht. Und dieses Institut nun endlich bringt ihn in seine heutige Heimat: Denn er siedelt 1956 von Tübingen nach Hamburg über, wo er am Freitag, dem 13. Juli 1957, in die Sozietät Dr. Fritz Modest eintritt. Dies war nun alles andere als ein Unglückstag, schließt sich doch eine beachtliche anwaltliche Karriere in dieser angesehenen Sozietät an. Denn in dem norddeutschen Kaufmannszentrum stürzt er sich vor allem auf die dort eher als andernorts zur Kenntnis genommenen EG-Regeln. Gündisch ist aber nicht nur überzeugter Europarechtler, sondern auch Europäer aus Passion: Das Maastricht-Urteil hat er kritisch besprochen, ist aber sicher, daß es auf dem Weg zur Einigung weitergehen wird.

Freier Warenverkehr, Agrarmarktordnung, Kartellrecht – schon früh berät Gündisch international tätige Unternehmen und sammelt reichlich Prozeßerfahrung. Auf der Gegenseite stehen meist EG-Kommision oder

Rat. Hier versucht der engagierte Jurist, den Ruf der Anwälte als „Nicht-Verhandler“ zu verbessern: Nicht nur im Privatrecht, sondern auch im öffentlich-rechtlichen Bereich hält er Vergleichsregelungen für das Gebot der Stunde. Arbeitskraft ist schließlich das teuerste Gut, deswegen kosten Gerichtsverfahren unter Beteiligung zahlreicher Volljuristen einfach zuviel Geld.

„Volenti non fit iniuria“

Das ist der Wahlspruch von Jürgen Gündisch: Der aus eigener Entschlußkraft erwachsene Vergleich befriedet die Parteien – unabhängig vom Ausgang – immer mehr als ein Urteil. Schon früh hat der deutsche Jurist Roger Fischer kennengelernt, den Professor, der an der Harvard Law School ein wissenschaftlich fundiertes Verhandlungskonzept für Juristen entwickelt hat.

Als Anwalt möchte Gündisch diese Ideen stärker in die Lösung von Rechtsproblemen einbringen. Leider, so klagt er, ist dies im öffentlich-rechtlichen Bereich schwierig, weil die beteiligten Beamten nur selten Verantwortung übernehmen wollen. Daher die besonders hohe Beanspruchung der Verwaltungsgerichte. Bei dem Versuch, hier positiven Einfluß zu nehmen, geriet der Jurist mit der Rückkehr von seinem zweiten USA-Aufenthalt immer stärker in die politische Arbeit.

Wenn er sich zumindest aus der Bürgerschaft vorzeitig zurückgezogen hat, so hatte dies nicht zuletzt den eingangs erwähnten Grund: Wer als Freiberufler auf sicheren Verdienst angewiesen ist und eine sechsköpfige Familie zu ernähren hat, muß irgendwann entscheiden, wieviel Zeit er in das parteipolitische Engagement stecken will, ob er vielleicht Berufspolitiker werden möchte. Gündisch entschied sich für seine vier Kinder und den Anwaltsberuf. Heute ist eine Tochter schon verheiratet, eine weitere hat die künstlerische Begabung der Mutter geerbt und ist Grafikdesignerin. Der Sohn und eine weitere Tochter studieren Jura. Die Familie geht regelmäßig gemeinsam wandern, im übrigen hält Gündisch von Sport nicht sehr viel, von Skilaufen und Bergsteigen abgesehen. Moderne Kunst ist für ihn und seine Frau Bibi hauptsächliches Hobby, regelmäßig veranstaltet die Kanzlei Kunstausstellungen, deren Vernissagen bei vielen Hamburger Juristen beliebt sind.

Im Februar 1995 wurde Dr. Jürgen Gündisch 65 Jahre alt – und von Ruhestand keine Spur. *hjb*

WALTER HANEL

Hier ist es: Das erste Porträt eines Nichtjuristen in dieser Reihe. Um das Maß der Verwirrung beim Leser voll zu machen, haben wir zudem auf ein Foto verzichtet. Die Zeichnung allerdings ist mit Bedacht gewählt: So sieht sich der berühmte Karikaturist Walter Hanel selbst. Allgemeiner Anlaß für seinen MDR-Steckbrief ist die seit vielen Jahren unangefochtene Stellung im Bereich juristischer Karikaturen – Anlaß ist sein 65. Geburtstag am 14. September 1995.

So richtigen Ruhestand allerdings wird es im Hause Hanel aber wohl noch nicht geben – Aufträge, Beliebtheit und damit auch Belastungen nahmen seit Jahren beständig zu. „Alle Versuche, irgendwann einmal kürzer zu treten“, seufzt der Künstler, „sind bislang gescheitert.“ Es stehen eben zu viele Interessenten Schlange – in der FAZ ist er seit vielen Jahren Hauskarikaturist, der schon lange belieferte Kölner Stadt-Anzeiger bekommt ebenfalls keinen Korb, einige Wirtschaftsmagazine illustrieren regelmäßig Beiträge mit Hanel-Karikaturen. Und an seinem Jubiläumstag beginnt er mit einer Ausstellungstournee: Rund 100 Blätter seiner freien künstlerischen Tätigkeit waren zuerst im Käthe-Kollwitz-Museum in Köln zu sehen, danach ging es weiter in so unterschiedliche Ausstellungsorte wie Brüssel, Ratzeburg, Hofheim oder Mülheim an der Ruhr.

Böhmen, Dresden, Rheinland

Geboren wurde Hanel 1930 als Sohn eines Lehrers im böhmischen Teplitz-Schönau, heute Tschechien. Dort verbrachte er Kindheit und frühe Jugend bis 14 Jahre; Kriegswirren führen ihn ausgerechnet nach Dresden, wo er im Februar 1945 Zeuge der schweren Luftangriffe und der Zerstörung der Stadt wird. Diese Ereignisse haben ihn bis heute nachhaltig beeindruckt, der aufmerksame Betrachter seiner Zeichnungen bemerkt denn auch die heftige Veränderung, wenn die stets treffende, aber in aller Regel humorvolle Behandlung politischer Themen in gallig-bittere Kommentierung kriegerischer Ereignisse umschlägt.

Bis 1949 lebt er im Osten, beginnt sich für Daumier, Grandville und Kubin zu interessieren. Erst nach seinem Wechsel an den Rhein allerdings beginnt er mit einer systematischen Nutzung seiner Talente. Während einer Ausbildung als Grafiker ist er Meisterschüler an den Kölner Werkschulen, besonders die Kaltnadelradierung interessiert den jungen Künstler. Ende der 50er Jahre werden seine ersten satirischen Zeichnungen im berühmten „Simplizissimus" veröffentlicht. 1959 ist er dann der erste Preisträger eines Karikaturisten-Wettbewerbs der Tageszeitung „Die Welt". Es folgen Zeichentrickfilme beim Westdeutschen Rundfunk (Sendung mit der Maus).

Vor allem aber kommentiert der Schwejk in Hanel das politische Tagesgeschäft – ein Blick durch sein Werk ist ein Blick auf unseren Staat. Das Haus der Geschichte in Bonn hat denn auch fast 4 000 seiner Zeichnungen angekauft und nutzt sie in wechselnden Zusammenhängen bei Ausstellungen dieses Museums, praktisch das gesamte Hanel-Archiv von 1975 bis 1992. Erste Karikaturen zu wirtschaftsnahen und juristischen Themen erscheinen in den Wirtschaftsmagazinen „DM" und später auch „impulse". Die Beschäftigung mit wirtschaftsnahen Themen bereitet Hanel, nach eigenem Bekenntnis „eher links", aber keine Schwierigkeiten: „Auch wenn man nicht kapitalistisch denkt – jede Mark, die man ausgeben will, muß schließlich erst einmal verdient sein!"

Der Karikaturist der Juristen

Wie es dann dazu kam, daß Hanel seit vielen Jahren auch auf juristische Karikaturen abonniert ist, weiß er trotz seiner Liebe für Daumier heute nicht mehr so recht nachzuvollziehen: „Irgendwann in den 50er Jahren habe ich in der Musikszene von Köln den Mitarbeiter eines juristischen

Fachverlags kennengelernt, und der war genau wie ich begeisterter Jazzer.“ So entstanden die ersten Geschenkbücher, die sich zum Teil seit über 30 Jahren in vielfachen Auflagen großer Beliebtheit erfreuen. Die Titel sprechen für sich: Juristen sind gar nicht so, Standesknigge für Rechtsanwälte und Notare, Frauen haben immer Recht. Es folgen Illustrationen juristischer Texte, Einladungskarten für Juristenbälle und viele andere Zeichnungen, in denen die Organe der Rechtspflege freundlich-ironisch hochgenommen werden.

Auch in der MDR hatte er von Anfang 1991 bis zum letzten Jahreswechsel seinen festen Platz unter „ius et iux“ – ganz zu schweigen von der Anzeigenserie anläßlich der MDR-Neugestaltung vor wenigen Jahren: Die Illustration erfundener Zeitschriften („Vierteljahresschrift für den nächtlichen Verkehrsunfall“, „Wochenblatt für Grundbuchbeschwerde“ u.v.m.) erfreuen bis heute so manchen Juristen. *hjb*

Steffen Heitmann

Anfang 1993 hat er turnusmäßig für ein Jahr den Vorsitz in der Konferenz der Justizminister der Länder übernommen. Der gebürtige Sachse Heitmann ist seit November 1990 Staatsminister der Justiz im Freistaat Sachsen; er ist der einzige Ostdeutsche in einer solchen Position. Heitmann wurde 1944 als fünftes Kind in durchaus schwierige Verhältnisse geboren. Sein Vater kam schon 1945 in sowjetischer Kriegsgefangenschaft ums Leben; auch seine Mutter starb, als er erst 13 Jahre alt war, so daß Heitmann bei den Großeltern aufwuchs. Nach dem Schulbesuch von 1951 bis 1963 in der Grund- und Oberschule in Dresden begann er seine Berufsjahre in der evangelischen Kirchenverwaltung. Von 1964 bis 1969 studierte er dann an der Universität in Leipzig zunächst Theologie und später auch Altphilologie. Sein Theologieexamen bestand er 1969.

Späte Berufung

Nach dem Vorbereitungsdienst in der evangelisch-lutherischen Kirche des Landes Sachsens war er von 1971 bis 1973 Pfarrvikar und Pfarrer bei der Evangelischen Studentengemeinde Dresden. Ab 1973 arbeitete er im Ausbildungsdezernat des Evangelisch-Lutherischen Landeskirchenamtes Sachsen. Erst 1975, mit 31 Jahren, begann Heitman eine kirchenjuristische Ausbildung. Heute erweist es sich als Vorteil, daß diese mit der DDR-üblichen sozialistischen Ausbildung zum Diplom-Juristen nichts gemein hatte; so gilt Heitmann heute als unbelastet. Während des Studiums schaffte er es zeitweise gleichzeitig noch, als Pfarrer und als juristischer Referent in der Kirchenverwaltung tätig zu sein. Er machte das 1. Staatsexamen 1980 und das 2. Staatsexamen 1981 und leitete dann ab 1982 das Bezirkskirchenamt Dresden.

Die Wende mitgestaltet

Im Oktober 1989 begann seine politische Tätigkeit zunächst als Berater der „Gruppe der 20", in der sich die Bürgerbewegung in Dresden sammelte. Von Herbst 1989 bis Frühjahr 1990 war er Mitglied der Basisdemokratischen Fraktion in der Stadtverordnetenversammlung Dresden. Er wirkte von Dezember 1989 bis März 1990 bei der Auflösung des Staatssicherheitsdienstes in Dresden mit. Seit April 1990 ist Heitmann Leiter der Fachgruppe „Verfassung und Verwaltungsreform" der Gemischten Kommission Baden-Württemberg/Sachsen und zugleich Vorsitzender ihrer Arbeitsgruppe „Verfassung", die den Entwurf einer Verfassung des Freistaates Sachsen erstellte. In die Regierung Biedenkopf trat Heitmann noch parteilos ein, wurde aber im Dezember 1991 Mitglied der CDU, nachdem diese sich in seinen Augen nun endgültig von ihrer „Block-Vergangenheit" gelöst zu haben schien. Wie viele ostdeutsche Politiker ist Heitmann in seinem politischen Standort nicht eindeutig zu beschreiben. Den Beitritt der ehemaligen DDR zur Bundesrepublik sieht er nicht ohne Kritik, ist aber letztlich der Meinung, daß es keinen anderen Weg gab. Heitmann ist für eine rigorose Abrechnung mit der DDR- und SED-Vergangenheit, ehemalige Stasi-Mitarbeiter haben bei ihm keine Chance.

Kunstliebhaber

Heitmann ist seit 1965 mit der Bildhauerin Christine Heitmann verheiratet und hat zwei Kinder. Mit seinem 17-jährigen Sohn unternimmt er gerne Bergklettertouren in der sächsischen Schweiz, um sich danach bei seinem Lieblingsgericht zu stärken: von seiner Frau zubereitete Gans mit Klößen und Rotkohl. Seine spärliche Freizeit widmet er gerne der bildenden Kunst und der Literatur, dort insbesondere (aber nicht nur!) der Lyrik von Hölderlin bis Benn. Von Benn hat er auch seinen Wahlspruch „Dennoch die Schwerter halten vor die Stunde der Welt". *ev*

Nachtrag: Das Porträt entstand vor Heitmanns Kandidatur für das Amt des Bundespräsidenten.

Herbert Helmrich

Den Menschen aus dem nördlichen Landstrich Mecklenburg-Vorpommern liegt die eher bedächtige, aber zupackende Wesensart, das klare Wort und eine überlegte, sachbezogene Argumentation. Alles Eigenschaften, die auch dem Juristen und Politiker Herbert Helmrich zueigen sind. Sie werden ihm seine Arbeit als Justizminister in Schwerin erleichtern können. Die Sachkompetenz des langjährigen CDU-Bundestagsabgeordneten (seit 1976 im niedersächsischen Wahlkreis Harburg immer wieder direkt gewählt) steht außer Zweifel: Als Vorsitzender des Rechtsausschusses genießt er seit Jahren einen herausragenden Ruf.

Am liebsten Klartext

Auf seine Federführung geht u.a. das Bilanzrichtlinien-Gesetz aus dem Jahre 1985 zurück. Noch heute ist es (Spitzname: Helmrich-Gesetz) Vorzeigebeispiel für klare und verständliche Rechtssprache. „Wir Abgeordneten müssen den Beamten viel öfter sagen: Macht das mal einfacher!“ ist seine Ansicht. Gesetze dem praktischen Anwender nahezubringen, ist Helmrichs dringliches Anliegen. Um ihm zur Verwirklichung zu verhelfen, gründet der unermüdliche Verfechter einfacher Gesetze 1982 zusammen mit seinem Anwaltskollegen Detlef Kleinert

(FDP) die „Gesellschaft zur Förderung der Entbürokratisierung“ in Bonn.

Herbert Helmrich fühlt sich für den Wiederaufbau eines Rechtstaats in den neuen Bundesländern besonders mitverantwortlich. Dies mag mit seinen Kinder- und Jugendjahren im damaligen SED-Staat zusammenhängen: 1934 in Luckau/Niederlausitz geboren, wächst Helmrich in Stendal in der Altmark auf. 1952 wird er dort verhaftet, weil er kritische Schriften verfaßt und verteilt hat. Zwei Jahre später flüchtet die Familie über die nahe gelegene Zonengrenze nach Niedersachsen. In Göttingen beginnt er dann das juristische Studium. Seit 1967 arbeitet Helmrich in Buchholz (Lüneburger Heide) als Rechtsanwalt und seit 1969 als Notar.

Kein Besser-Wessi

Helmrich hat die Entwicklungen im Osten aufmerksam verfolgt: Als Stütze des Rechtsausschusses konnte er sich in die juristische Bewältigung der Wiedervereinigung einarbeiten. Der Spezialist für den Aufbau einer Justiz in der ehemaligen DDR wird jetzt vor Ort jedoch weit mehr zur Entwicklung beitragen können als bisher. Der Wechsel des erfahrenen Politikers von der Bundes- zur Landespolitik, vom Bundestag in das neue Kabinett von Ministerpräsident Berndt Seite, ist aber nicht nur eine Chance für die juristische Entwicklung in Mecklenburg-Vorpommern. Auch die regionale Wirtschaft bekommt einen qualifizierten Ratgeber hinzu. *jn*

Nachtrag: Helmrich ist heute einfacher Abgeordneter – nicht mehr Justizminister.

Martin Henssler

Wer meint, unsere Juristenausbildung sei bestens in Ordnung und bereite vorzüglich auf den (schließlich von den Meisten später ausgeübten) Beruf des Rechtsanwalts vor, braucht unser Juristen-Porträt in dieser Ausgabe nicht zu lesen! Wer aber der Ansicht ist, die justizorientierte Ausbildung („Befähigung zum Richteramt") müsse endlich gezielter auf die spätere anwaltliche Tätigkeit hin ausgerichtet werden, kann Professor Dr. Martin Henssler nur Glück und Erfolg wünschen in seiner Funktion als Direktor des „Instituts für Anwaltsrecht an der Universität zu Köln".

Solche „An-Institute" sind eine Spezialität dieser Hochschule: Auch für Bankrecht, Medienrecht, Energierecht und Wohnungswirtschaft gibt es mit Drittmitteln finanzierte Institute, in denen – durch Personalunion an einen Lehrstuhl gekoppelt – wichtige Rechtsgebiete erforscht werden, die der klassische Fächerkanon vernachlässigt. So ist Henssler im Hauptberuf Inhaber des Lehrstuhls für Bürgerliches Recht, Arbeits- und Wirtschaftsrecht sowie Anwaltsrecht seiner alma mater. Die Arbeit am vor allem durch Anwaltsorganisationen und die Hans-Soldan-Stiftung geförderten Institut, zu dem die Universität übrigens keinen Pfennig beisteuert, ermöglicht eine breite Forschungstätigkeit, die den Studenten zugute kommt: Professor Hensslers „Einführung in den Anwaltsberuf" beispielsweise hören rund 70 Teilnehmer – mit Blick auf die geringe Examensrelevanz eine beachtliche Zahl. Natürlich macht er in seinen übrigen Vorlesungen zum Zivilrecht ein wenig Werbung für diese Veranstaltung. Vielleicht trägt aber auch der moderne Stil seiner Vorlesungen zur Beliebtheit bei den Studierenden bei: In zwei aufeinanderfolgenden Jahren konnte er bei der (von vielen seiner Kollegen gefürchteten) RCDS-Aktion „Prüf den Prof" den zweiten Platz belegen.

Jung und dynamisch

Zu seiner Beliebtheit mag auch beitragen, daß Henssler in vielerlei Hinsicht nicht dem überkommenen Bild eines deutschen Hochschullehrers entspricht. Er ist noch recht jung: Im Juni 1953 wurde er in Stuttgart geboren; in der einphasigen Juristenausbildung an der Universität Konstanz bestand er nach nur 6 Jahren das Assessorexamen. Er ist auch ein Mann der Praxis: Vor dem Studium schloß Henssler eine Banklehre ab, promovierte bei Bernd Rüthers über den Arbeitsvertrag im Konzern und war dann von 1983 bis 1986 im Justizdienst am schönen Bodensee, zuerst als Staatsanwalt, dann als Zivilrichter in Überlingen und Konstanz. Und er ist seinen Studenten als sportlicher Dozent bekannt: Die 16 Kilometer zwischen seinem Haus und der Universität schafft er mit dem Fahrrad in 45 Minuten; Basketball, Volleyball und Tennis im Sportverein kommen hinzu, die alljährliche Wiederholungsprüfung zum Sportabzeichen rundet das Bild ab.

Seine heutige Universität hatte Henssler bereits unmittelbar nach Abschluß des Habilitationsverfahrens im Sommersemester 1990 kennengelernt: Eine Lehrstuhlvertretung für Bürgerliches Recht führte damals zum Angebot einer C 3-Professur. Auf den nur ein Jahr später folgenden Ruf mit C 4-Angebot wartete der junge Wissenschaftler als Professor in Heidelberg. Die Forschungstätigkeit auch außerhalb des Anwaltsrechts hat ihn dabei bis heute nicht losgelassen: Henssler mag sich nicht in eine Schublade stecken lassen und publiziert umfangreich auch zu völlig anderen Themen, wie beispielsweise über den Softwarevertrag, nachzulesen in MDR 1993, 489.

Dennoch bietet die Position als Direktor des 1989 gegründeten unabhängigen Instituts für Anwaltsrecht die Möglichkeit, ein derzeit außerordentlich virulentes Rechtsgebiet so zu bearbeiten, wie dies in Deutschland an keiner zweiten Stelle geschieht. Denn neben dem Bielefelder

Kompaktkurs gibt es sonst keine spezialisierten Lehrstühle und keine Institute an deutschen Hochschulen, die sich mit der augenblicklichen Umbruchphase des anwaltlichen Berufsrechts so intensiv befassen. Rund 30 Doktoranden werden parallel betreut, die Fülle der Themen war in den letzten Jahren schier unerschöpflich, nimmt aber zur Zeit etwas ab, so daß nicht alle Wünsche nach einer Promotion im Anwaltsrecht erfüllt werden können.

Professor für Anwaltsausbildung

Martin Henssler hätte deswegen nichts dagegen, bei der Gründung ähnlicher Institute andernorts behilflich zu sein. Einige Gespräche hat es bereits gegeben, nur fehlt es dort gelegentlich an einem ausreichend engagierten Umfeld, etwa bei den Anwaltvereinen. Auch müssen die Vorlesungen an der Uni mit Vorträgen von Praktikern gespickt werden, um den Studenten beizeiten die beruflichen Realitäten vor Augen zu halten. Stellt Henssler dann Examensklausuren und Hausarbeiten mit starkem Anwaltsbezug, ist das Erschrecken trotzdem oft groß – obwohl diese Möglichkeit in den Vorschriften zur Juristenausbildung eröffnet ist.

Rechnet man zu Lehrstuhl und Institut noch die Tätigkeit als Sachverständiger zum anwaltlichen Berufsrecht vor dem Rechtsausschuß des Deutschen Bundestags und eine Gutachtertätigkeit im Bereich Anwaltsregreß, bleibt neben dem Sport für andere Hobbys wenig Raum. Um mit seiner Frau, einer Staatsanwältin im Erziehungsurlaub, noch etwas Zeit zu haben und ausreichend viel lesen zu können (auch Krimis und Unterhaltungsliteratur) nutzt Martin Henssler einen genialen Trick: Seit seinem 20. Lebensjahr sieht er nicht mehr fern! Im ganzen Haus gibt es kein TV-Gerät – ein Umstand, der bislang auch nicht auf den Protest seiner 7 und 9 Jahre alten Söhne gestoßen ist.

Was die 3jährige Tochter dazu später einmal sagen wird, weiß man im Hause Henssler natürlich noch nicht. *hjb*

Hendrik Hering

Ein Juristenportrait einmal anders! Wer diese Rubrik regelmäßig liest, weiß, daß wir uns in aller Regel rückblickend dem Lebenswerk bekannter Persönlichkeiten widmen, die nach längerem berufliche Werdegang auf dem Höhepunkt ihrer juristischen Karriere stehen. Das liegt nahe, zumal es sich meist um eher prominente Juristen handelt. Diesmal jedoch richten wir den Blick in eine gewissermaßen noch laufende Gegenwart und berichten, wie ein noch junger Kollege seinen beruflichen Lebensweg mit Erfolg begonnen hat.

Der Zivi als Bürgermeister

Wir schreiben den 13. Juli 1989: Es rumort heftig in dem beschaulichen Städtchen Hachenburg mitten im Westerwald. Anlaß sind die gerade abgeschlossenen rheinland-pfälzischen Kommunalwahlen – auf den ersten Blick gar nichts besonderes im gemeindlichen Alltagsleben. Aber nicht der unerwartete Wahlsieg der Sozialdemokraten bestürzt die bis dato in der Mehrzahl treu christdemokratisch wählenden Bürger: Mit der Unterstützung freier Parteien kommt vielmehr ein gänzlich unbekannter und zudem außerordentlich junger Mann ins Bürgermeisteramt, der überhaupt nicht in das Bild eines gestandenen erfolgsorientierten Kommunalpolitikers paßt.

Hendrik Hering, 25 Jahre alt, hatte sich zuvor im Bewußtsein seiner Mitbürger noch nicht besonders hervorgetan: Er hat gerade das juristische Studium mit Erfolg hinter sich gebracht und leistet bis zur bald beginnenden Referendarzeit seinen Zivildienst in einer Betreuungseinrichtung für Schwerstbehinderte ab. Und der soll jetzt – in diesem Bundesland ist der Bürgermeister kein Repräsentationsposten – Verwaltungschef werden? Sehen wir uns die Person genauer an.

Aus politischem Elternhaus kommend und sozial engagiert richtete das jüngste von sechs Geschwistern seine Studienwahl danach aus, wie er am besten das Handwerkszeug erlangt, um sein unmittelbares Umfeld zu prägen, Mitmenschen zu helfen, gleichzeitig aber auch angemessen sein Brot zu verdienen. Da erscheinen ihm das juristische Studium mit seinem breit gefächerten Berufsfeld wie auch eine politische Laufbahn gleichermaßen geeignet. Also fährt er auch von Anfang an zweigleisig, studiert engagiert und ist „nebenberuflich" Landesgeschäftsführer der Jusos, dann ab 1988 schon Ortsvorsitzender der SPD. Die Wahl zum jüngsten Verwaltungschef in Deutschland folgt kurz darauf und überrascht auch ihn sehr. Er weiß, welche Erwartungen man nun an den politisch Unbekannten, den Referendar im Rathaus, stellt.

Kanzleichef – bald im Landtag?

Fünf Jahre später hat Hering erfolgreich die erste Wiederwahl zum Bürgermeister hinter sich. Die Bürger des Städtchens Hachenburg hat er mit seinem sozial- und kulturpolitischen Programm überzeugt und sein wirtschaftliches Geschick damit unter Beweis gestellt, daß die Heimatstadt nun die erste schuldenfreie Gemeinde in Rheinland-Pfalz ist.

Nach Abschluß der Referendarzeit hat sich Hering als selbständiger Anwalt niedergelassen und einen Mandantenstamm aufgebaut, den er infolge eines erheblichen Zuwachses und wegen des ständigen Pendelns zwischen Büro und Stadtverwaltung nur noch mit einer Kollegin zusammen bewältigen kann – weitere Anwälte sollen hinzukommen. Hier hat sich ein Synergieeffekt der Öffentlichkeit deutlich bemerkbar gemacht: Denn die Bürger des Städtchens und der umliegenden Gemeinden lassen sich gerne von „ihrem" Bürgermeister vertreten. Sein Engagement brachte ihm außerdem einen Sitz im Aufsichtsrat der zweitgrößten Bank in Rheinland-Pfalz ein.

Wenig Zeit fürs Private

Fragt man den Dreißigjährigen nach seinen weiteren beruflichen Perspektiven, erhält man zögerlich Antwort. Denn der Familienvater (zwei Kinder) hat sich erst kürzlich wegen einer schweren Erkrankung seines älteren Sohns über längere Zeit mehr dem Privatleben zuwenden müssen.

Derzeit richtet er aber wieder den Blick in die Zukunft, der angestrebte Ausbau der Kanzlei mit Schwerpunktbildung geht voran. Aber 1996 stehen die Landtagswahlen an, in dem der Westerwaldkreis zwei Mandate stellen wird. Hier wird Hering als ernstzunehmender Kandidat für das Mainzer Parlament gehandelt.

Neben der Doppelbelastung durch Anwaltsberuf und aktive Politik bleibt Hering verständlicherweise wenig Zeit für Hobbies. Seine Vorliebe für Kleinkunst und Kabaret läßt sich aus Zeitgründen nur im Rahmen des von ihm besonders geförderten Kulturprogramms seiner Gemeinde verwirklichen. Er läßt es sich freilich nicht nehmen, beim Ausbau des eigenen historischen Fachwerkhauses im Herzen von Hachenburg seiner handwerklichen Neigung nachzugehen. *bf*

Roman Herzog

Eine gelegentlich zitierte alte Nachrede, Roman Herzog habe sich nicht gerade durch Arbeitswut hervorgetan, mag auf seine Vorliebe für kurze und präzise Entscheidungen zurückzuführen sein. Das Vorurteil freilich wird nicht nur durch Arbeitsenergie wiederlegt. Auch seine drei Karrieren als Wissenschaftler, Politiker und Jurist, sprechen eine andere Sprache: An der Spitze des Bundesverfassungsgerichts steht ein Erfolgsmensch.

Erfolgsmensch aus Niederbayern

Roman Herzog, 1934 als evangelischer Niederbayer in Landshut geboren, äußerte einmal auf die Frage „Was möchten Sie sein", daß er keine Wünsche habe – ihm sei doch alles zugefallen, wovon er träumen konnte. Sein beruflicher Weg zum höchsten Richteramt bestätigt diese Antwort.

Mit 30 Jahren bereits habilitiert, startet der Schüler von Theodor Maunz, mit dem er später einen der Standardkommentare zum Grundgesetz herausgibt, seine Karriere als Professor für Staatsrecht und Politik an der FU Berlin. Es ist 1966 – und nach vier unruhigen Berliner Lehrjahren folgt der Staatsrechtslehrer dem Ruf an die renommierte Hochschule für Verwaltungswissenschaften im beschaulicheren Speyer.

Kohls Mann in Bonn

Weitere vier Jahre später, es wird ihm diesmal wohl zu ruhig, wechselt er vom Hörsaal in die politische Arena. Erst 1970 in die CDU eingetreten, geht er bereits 1973 für Ministerpräsident Helmut Kohl nach Bonn, als Staatssekretär und Bevollmächtigter des Landes Rheinland-Pfalz beim Bund. 1978 übernimmt er mit 44 Jahren gleichzeitig in zwei Bereichen eine hervorgehobene Position: als Minister für Kultus und Sport in Baden-Württemberg und als Vorsitzender des evangelischen Arbeitskreises der CDU/CSU. Dann tritt Herzog seinen „Traumjob" als Innenminister des Landes Baden-Württemberg an. In diesem Amt macht er seit 1980 von sich Reden: Einführung der Demonstranten-Gebühr, CS-Gas als Polizeiwaffe, restriktive Ausländer- und Asylpolitik, Dauerfehden mit der streitbaren Landesdatenschützerin Ruth Leuze.

Vom Minister zum Richter

Dies brachte ihm trotz kaum anfechtbarer fachlicher Qualifikation als Verfassungsrechtsexperte öffentlich geäußerte Zweifel ein, als er sich 1983 von der Exekutive verabschiedete, um zur Judikative nach Karlsruhe zu wechseln – als Vizepräsident des Bundesverfassungsgerichts sowie als Vorsitzender des 1. Senats. Die Kritiker verstummten, und entsprechend einer 1983 getroffenen Bonner Absprache zwischen CDU und SPD tritt Herzog vier Jahre später die Nachfolge von Wolfgang Zeidler als Präsident des höchsten Bundesgerichts an. In dieser Position übt er bewußte Zurückhaltung, nur gelegentlich äußert er sich öffentlich, möchte dann aber ausdrücklich als Verfassungsrechtler und nicht als Verfassungsrichter verstanden werden, auch wenn das für den Bürger oft nicht leicht nachzuvollziehen ist.

Herzog ist schwer festzulegen: gemütlicher Zigarilloraucher – aber scharfsinnig. Harter Brocken – aber humorvoll. Unprätentiös – und zugleich dominant. Er selbst nannte einmal seinen Hauptcharakterzug Gelassenheit und distanziertes Denken, seinen größten Fehler unstillbare Spottlust.

Die Aufgabe als Verfassungsrichter sah er bereits bei seinem Amtsantritt als „Schlußstein" seiner beruflichen Karriere. Aber wer weiß: Herzog hatte noch bis 1995 Zeit, es sich anders zu überlegen. Erst dann endete seine auf zwölf Jahre begrenzte Zeit auf dem Karlsruher Richterstuhl. *jn*

Nachtrag: Roman Herzog hat es sich bekanntlich anders überlegt und ist seit 1994 Bundespräsident.

Joachim Jacob

Ein fröhlicher Franke. So beschreibt die Süddeutsche Zeitung den Bundesbeauftragten für Datenschutz, Dr. Joachim Jacob. Er selbst charakterisiert sich als kontaktfreudigen Menschen, der gerne und herzhaft lacht, auf Menschen zugeht und immer offen für ein Gespräch ist. So mag er aus Bürgersicht als der geeignete Mann für diese Position erscheinen: Nicht in erster Linie Bürokrat, sondern ein Mensch, der sich auch im Bereich des Datenschutzes für die Belange der Bürger einsetzen will, sie zu seinem Anliegen machen wird.

Frühe Neigung zur Verwaltung

Jacob, gebürtiger Bamberger und 54 Jahre alt, kommt aus einem Beamtenhaushalt – sein Vater war Leiter des Kreiswehrersatzamtes. Der Franke wuchs als einziges Kind seiner Eltern auf.

Nach Abschluß seiner Schulzeit in Bamberg ging er 1958 nach Erlangen und wandte sich dort dem Studium der Rechts- und Staatswissenschaften – seinem Wunschstudium – zu. Schon in dieser Zeit, aber auch während seiner Referendarzeit, fühlte er sich mehr und mehr dem Verwaltungsrecht zugeneigt. Aus diesem Grunde entschied er sich dann auch nach Ablegung des zweiten Staatsexamens 1966 – trotz Doktorarbeit im Strafrecht – für eine Laufbahn beim Bundesministerium des Inneren. Auf eigenen Wunsch wurde er dort zunächst der Abteilung für Verfassungsstreitigkeiten zugeteilt, war aber in der Folgezeit auch mit Staatsangehörigkeitsrecht, Kommunalfinanzen und ziviler Verteidigung befaßt. Die Beschäftigung mit der kulturellen Filmförderung, die zeitweilig auch zu seinem Zuständigkeitsbereich gehörte, ist ihm aus seinem damaligen Wirkungsbereich besonders angenehm in Erinnerung geblieben. Über die Kontakte mit Filmemachern und Regisseuren hat sich ihm eine vom Beamtendasein ganz verschiedene schillernde Welt gezeigt, die ihn als selbst künstlerisch tätigen und interessierten Menschen – Jacob spielt gut Klavier und befaßt sich mit klassischer Musik bis hin zur Moderne – durchaus angesprochen hat.

Ministeriale Karriere

Auch der weitere Verlauf seiner Karriere spielte sich im Umfeld des Bundesinnenministeriums ab: Von 1972 bis 1975 persönlicher Referent des Innenstaatssekretärs Hartkopf, anschließend bis 1978 Vizepräsident im Statistischen Bundesamt in Wiesbaden, blieb er die folgenden elf Jahre als Direktor bei der Bundesakademie für Öffentliche Verwaltung. Dort war er schwerpunktmäßig mit Führungsfortbildung und Austauschprogrammen Verwaltung – Wirtschaft beschäftigt.

In der Behörde des Bundesbeauftragten für Datenschutz mit ihren 52 Mitarbeitern ist Jacob kein Neuling. Seit September 1989 stand er seinem Vorgänger Einwag als ständiger Vertreter zur Seite. Als vierter Bundesbeauftragter nach Bull, Baumann und Einwag ist er der erste Beauftragte, der auf Vorschlag der Bundesregierung vom Bundestag bestätigt werden mußte. Eine Änderung der Rolle des Datenschutzbeauftragten ist damit nicht unmittelbar verbunden. Es werde allerdings dadurch seine Unabhängigkeit und Beratungsaufgabe gegenüber dem Parlament deutlicher dokumentiert, sagt der neue Amtsträger.

In seiner neuen Position befindet er sich wie seine Vorgänger in heikler Position, da er einerseits den zunehmenden Klagen der Polizei über zuviel Datenschutz ausgesetzt ist, der eine Verfolgung von Straftätern und Sozialstaatsmoglern erschwere. Andererseits sieht er selbst mit Sorge die weitere Entwicklung des Datenschutzrechts. Durch viele Gesetze, wie z.B. das Außenwirtschaftsgesetz, Post- und Fernmeldegesetz, Gesundheitsstrukturgesetz und aufgrund des neuen Sparprogramms der

Bundesregierung entstehe ein immer höherer Bedarf an verwertbaren Daten und ihrer Umsetzung.

In der Zwickmühle

Unter Hinweis auf den Datenschutzbericht 1991/92 erklärt Jacob, daß die Überwachung und Kontrolle der Bürger deutlich verschärft und die Eingriffsmöglichkeiten der Behörden erweitert würden. Damit wachsen natürlich die Befürchtungen der Bevölkerung vor einer Entprivatisierung ihrer Privatsphäre, d.h. vor dem Gläsernen Menschen.

Immerhin verzeichnet der Bundesdatenschutzbeauftragte mittlerweile zwischen 2000 und 2500 Eingaben pro Jahr von Bürgern, die sich allein durch die öffentliche Verwaltung des Bundes in ihren Rechten beeinträchtigt fühlen. Dem will Jacob entgegenwirken. Das Menschenbild des Grundgesetzes, basierend auf einem Vertrauensverhältnis zwischen Staat und Bürger, dürfe nicht verschoben werden, sagt er.

Seinen Arbeitsschwerpunkt im Datenschutz sieht er nach wie vor und auch zukünftig in der Überprüfung der Arbeitsverwaltung und des Sicherheitsbereichs, da es hier wegen des großen Umfangs zu bewältigender Daten immer wieder zu Fehlentwicklungen kommen müsse.

Sportlich und musisch

Neben seiner umfangreichen beruflichen Tätigkeit findet Jacob dennoch gelegentlich Zeit für seine Hobbies. Neben seinen musischen Interessen ist der Vater von drei Kindern nämlich dem Sport nicht abgeneigt. Während er sich früher aktiv beim Fuß- und Handball betätigte, fühlt er sich heute „in gesetzterem Alter“ (so Jacob selbst) eher dem Tennis zugeneigt – aktiv und als Zuschauer. *bf*

Gerhard Jussenhoven

Es war einmal ein junger Jurist. Der verdiente sein Brot bei der Industrie- und Handelskammer zu Köln, wo er das Wettbewerbsrecht betreute. Hatte er doch kurz zuvor, 1937 war das, in diesem Bereich promoviert. Noch heute aktueller Titel seiner Arbeit: Die Grenzen der Reklame im wirtschaftlichen Wettbewerb.

Doch der junge Mann hatte auch Musikwissenschaften und Komposition studiert und spielte gut Klavier. So hatte er auch einen Schlager geschrieben. Und als die Tantiemen für dieses eine Stück höher wurden als das IHK-Gehalt, da kündigte der Jurist, nahm nie wieder rechtliche Literatur in die Hand und wurde ein berühmter Komponist.

Rhein und Wein

So oder ähnlich könnte die Geschichte des Dr. jur. Gerhard Jussenhoven beginnen. Eine Geschichte, die – wieder einmal – einen Kollegen vorstellt, der sich nach einer durchaus erfolgreichen Ausbildung zum Juristen in ganz anderen Feldern einen Namen macht. Und wer sich nun unter diesem Namen nicht auf Anhieb etwas vorzustellen vermag, dem seien nur einige Evergreens genannt: Man müßte nochmal zwanzig sein, Schau nicht auf die Uhr, Kornblumenblau, Gib' acht auf den Jahrgang Jussenhoven ist der Schöpfer vieler bekannter Rhein- und Weinlieder, die auch außerhalb des Rheinlands jeder kennt. So gehört er mit über tausend veröffentlichten Titeln zu den produktivsten und nach GEMA-Statistik meistgespielten Komponisten Deutschlands. Allein über 70 Lieder hatte Jussenhoven für seinen Freund Willy Schneider geschrieben, der vor einigen Jahren starb. Aber auch andere Sänger und Sängerinnen haben seine Titel im Repertoire. Und seine 1966 uraufgeführte musikalische Komödie Cyprienne (Buch Curth Flatow) war in der DDR mit 29 Inszenierungen nach My Fair Lady das meistgespielte Musical.

Der erfolgreiche Komponist

Sitzt man dem freundlichen Mann gegenüber, mag man das Alter nicht glauben: 85 Jahre wurde Jussenhoven im Januar 1996, und von Ruhestand keine Spur. Nein, nur im Garten Pensionärsdienste tun, das sei seine Sache nicht, er brauche junge Leute um sich. Auch nach dem tragischen Tod seiner Frau (am Morgen nach der WDR-Aufzeichnung der Feier zu seinem 80. Geburtstag) hat er regelmäßig Besuch von Künstlern, Politikern und Wirtschaftsmenschen.

Und läßt sich immer wieder neue Aufträge „andrehen“ (Originalton). Denn was er anfaßt, wird in aller Regel ein Hit. Gerade bekommt er die Werbeposter für eine Musikvorstellung des Kölner Hänneschen-Theaters, ein Puppenspiel – meist nicht für Kinder. Sein Name als Komponist scheint für den Erfolg zu bürgen: Die ersten 74 Abende waren sofort ausverkauft. Im November Uraufführung des Kindermusicals Befana in Bamberg. Sechs weitere Bühnenstücke hat Jussenhoven verfaßt, hinzu kommen neue CD-Einspielungen mit dem Erfinder am Klavier, teils singt er auch selbst. Einer der wenigen, die einst noch Schellack bespielt haben und heute im Studio digital zur Sache kommen.

Jurist oder Dirigent?

Dabei wollte er eigentlich lieber Dirigent werden. Mit vier Jahren hatte der Klavierunterricht angefangen, was den Nachbarn so gut gefiel, daß sie schon bald die Fenster öffneten, wenn der Junge übte. Der Vater, ein erfolgreicher Kaufmann, der den Absatz seiner Bonbon-Produktion sinnvoll über eine selbstgegründete Karnevalsgesellschaft sichert (für Insider: die Altstädter), besteht aber darauf, daß der im gut bürgerlichen Haus im Köln der Kaiserzeit geborene Gerhard etwas Ordentliches lernen sollte. So kommt es nach dem Abitur 1930 zum Jurastudium. Aber der Student, der schon als Kind ein Faible für „schöne Melodien“ hat, kann von den Noten nicht lassen. Die gelegentlich singende Mutter hat sich im Erbgut durchgesetzt.

Jussenhoven absolviert zwar beide Staatsexamina, verschreibt sich aber nunmehr voll und ganz der Musik, schreibt Stücke für die meisten deutschen Schlagergrößen nach 1945. Allein sein Titel Kornblumenblau wird in 12 Sprachen übersetzt und erreicht Millionenauflagen.

Die leichte Muse bestimmt seitdem sein Leben, Rechtsfragen ereilen ihn nur noch in verschiedenen Ausschüssen der GEMA, in der er sich seit 1949 engagiert. Daß von über einer Milliarde Mark Einnahmen im letzten Jahr auch so manche Mark an weniger erfolgreiche Künstlerkollegen in Not geht, freut Jussenhoven dabei besonders. Geraten doch viele Komponisten im Alter an die Armutsgrenze.

Er selbst will jetzt nicht mehr 20 sein, sonders scheint sich intensiv auf ein anderes Datum einzurichten. Sein neuester Erfolgstitel heißt: Ich möchte hundert Jahre werden. Die Chancen stehen nicht schlecht. *hjb*

MARCEL KISSELER

Die schöne alte Jugendstilvilla, in der Dr. Marcel Kisseler residiert, hat er nach eigenen Vorgaben selbst restaurieren lassen. Deutschlands oberster Hüter der guten Sitten im Wettbewerb hatte nämlich in seiner Jugend durchaus Neigungen, Architektur zu studieren. Dann entschied er sich aber doch für die Juristerei – und legte damit den Grundstein für die ungewöhnlich erfolgreiche Arbeit seiner Zentrale zur Bekämpfung unlauteren Wettbewerbs. Rund 25 Jahre führte er diese „wettbewerbsrechtliche GSG 9 der Wirtschaft", wie ein Journalist die straff durchorganisierte Kontrollinstanz in Bad Homburg einmal trefflich nannte. Geboren ist Marcel Kisseler 1927 in Vallendar bei Koblenz. Hier war sein Vater bis 1933 Bürgermeister – ein Amt, das er mit dem Ende der Weimarer Republik aufgeben mußte. Sein Sohn lebte dann bis 1969 im nahen Bonn, wo er in der nicht immer leichten Nachkriegszeit 1947 bis 1951 Rechtswissenschaften studierte. Später promovierte er auch hier an der Universität bei Professor Ballerstädt.

Vom Rhein an den Main

Zu diesem Zeitpunkt hatte er seinen ersten Job bei der Industrie- und Handelskammer der damaligen Hauptstadt bereits angetreten. Besonders stolz ist er darauf, daß er dort 1957 die Einigungsstelle für Wettbewerbsfragen aufgebaut hat. Einige Jahre lang war er stellvertretender Hauptgeschäftsführer der IHK Bonn, dann übernahm er 1965 die Rechtsabteilung der Hauptgemeinschaft des Deutschen Einzelhandels in Köln.

1969 dann der Wechsel nach Frankfurt, wo die 1912 gegründete Wettbewerbszentrale ihren Sitz hatte (und juristisch noch immer hat). Erst 1977 bezog die Zentrale das jetzige Domizil in Bad Homburg. „Wir machen aber nicht alles zentral hier bei uns im Haus", erläutert Kisseler das Organisationsprinzip: „Hier sitzen wir nur mit 6 Volljuristen". Ein weiteres Dutzend seiner Spezialisten hat Kisseler über 8 Zweigstellen im ganzen Land verteilt. Mit modernster Technik – wie sie selbst bis ins letzte durchorganisierte Anwaltskanzleien nur selten haben – achten die Sittenwächter darauf, daß nicht mit rechtswidriger Werbung schnelles Geld verdient wird.

Die eigene Kasse stimmt übrigens. „Wir haben in den letzten Jahren unser Personal zwar verdreifacht", gibt der 65jährige Jurist zu, „aber dabei haben wir achtmal soviel Arbeit weggeschafft und unseren Etat verzehnfacht!" 16 000 Beschwerden über Wettbewerbsverstöße beackern seine Mitarbeiter im Jahr, rund 1 000 Mal bemühen sie zur Klärung die Gerichte. Und das mit Erfolg – in 95 % der Fälle müssen die Werbetragenden auf der Gegenseite die Kosten der (zumeist Eil-) Verfahren tragen. Besonders stolz ist Marcel Kisseler auf seine Bilanz nach der Novellierung des UWG von 1986: „Von den 120 Prozessen zur Preisgegenüberstellung haben wir seinerzeit 119 gewonnen."

Seriös und hartnäckig

Im Gegensatz zu den auch in Bad Homburg ungeliebten reinen Gebührenvereinen, die mit Massenabmahnungen die gerichtlich zugestandenen Bearbeitungsgebühren kassieren wollen, ist die Wettbewerbszentrale eine seriöse Selbstkontrollinstanz der Wirtschaft. Alle Industrie- und Handelskammern und Handwerkskammern sind Mitglied, dazu viele Unternehmen. Obwohl von den 100 größten deutschen Firmen die Hälfte eine unmittelbare Mitgliedschaft haben, können sie keinen Einfluß nehmen. „Da unser Beitrag von jährlich 600 DM für Kleinunternehmen bis zu höchstens 7 000 DM für die Branchenriesen reicht, kann uns niemand mit Austrittsdrohungen unter Druck setzen", betont Kisseler. Jeder dritte Prozeß vor dem BGH beispielsweise wird mit eigenen Mitgliedern ausgefochten, oft einigt man sich – wie beispielsweise bei der Schilderwald-Entscheidung des Kaufhofs – mit der Gegenseite auf einen Musterprozeß.

Klare Linie

Welche vermeintlichen Verstöße die Wettbewerbshüter aufgreifen, mag für den Laien und auch für den nicht spezialisierten Juristen oft nicht auf Anhieb nachvollziehbar sein – und schon gar nicht für einen Teil der von Abmahnungen überraschten Unternehmen. Freilich kann Marcel Kisseler seine Kriterien klar auf den Punkt bringen: „Die Grenze ist immer dort, wo mit irreführenden Aussagen dem Verbraucher das Geld aus der Tasche gezogen werden soll. Wie sehr die Leute bei Angeboten zum angeblich halben Preis den Kopf verlieren, haben wir ja gerade wieder bei der Sonderaktion im Lotto gesehen."

Weniger dramatisch findet Kisseler dagegen die teilweise kleinlich geahndeten Verstöße gegen praxisferne Vorschriften: „Wenn das OLG Hamm und das Kammergericht in Berlin verlangen, daß in Autoanzeigen neben PS auch noch kW genannt werden, läßt sich das vielleicht noch nachvollziehen – obwohl sich dies ja ebensowenig durchgesetzt hat wie Joule statt Kalorien. Aber wenn der BGH jetzt sogar fordert, kW müsse in Zeitungen und Zeitschriften in der Werbung auch noch größer und dicker gedruckt werden, dann halte ich das für überzogen".

Das Blut in Wallung gerät dem schwimm- und wanderbegeisterten Vater von fünf Kindern, der sich als Ehrenvorsitzender des Hessischen Elternvereins um die Jugend sorgt, wenn er an die Werbekampagne des Textilherstellers Benetton denkt. Kisseler, der zum Thema „Wettbewerbsrecht und Ethik" Vorträge hält, will bei der Darstellung menschlichen Leids in der Werbung deutliche Grenzen ziehen.

So holte er sich beim OLG Frankfurt sogar einen rechtlich nicht ganz unbedenklichen Persilschein gegen Zeitschriftenverlage, nach dem nicht nur die inkriminierte Anzeige abgesetzt werden mußte, sondern sogar weitere ähnliche Kampagnen von Benetton nicht im Anzeigenteil abgedruckt werden dürfen. „Stellen Sie sich mal vor, da schreibt jemand neben ein Foto vom Gemetzel einer Massenkarambolage auf der Autobahn bei Nürnberg", graust es Kisseler: „Und darauf einen Dujardin!" *hjb*

Nachtrag: Zum Jahreswechsel 1995/96 ist Kisseler mit 58 Jahren in den Ruhestand getreten.

Detlef Kleinert

Wer hätte nicht schon die Klagen vernommen – oder sogar lauthals eingestimmt: Die kernigen Typen in der Politik gingen völlig verloren, keine Charakterköpfe mehr, allenthalben rundgeschliffene, karrierebewußte Akademiker ohne vorherige praktische Berufserfahrung! Nun denn, es gibt sie noch. Und heute stellen wir einen solchen Vollblutpolitiker vor, dem man blasse Langeweile oder umfragetreue Anpassung wahrlich nicht nachsagen kann.

Kantiger Jurist

Detlef Kleinert, seit 1969 für die F.D.P. im Rechtsausschuß des Deutschen Bundestages, wird von politischen Gegnern gelegentlich eher als zu wenig unauffällig und allzu kantig qualifiziert. Gerade letzthin (es stand ohnehin in allen Zeitungen und braucht deswegen nicht schamhaft verschwiegen zu werden) regte der durchaus trinkfeste Kleinert unfreiwillig eine Diskussion über den Alkoholkonsum im Parlament an. Erschien einigen seiner Kollegen doch eine von Kleinerts meist recht pointierten Reden etwas unkonzentriert. Kleinert: „Das war in der Tat nicht in Ordnung, ich hätte bei dieser einen von über 280 Plenumsreden konsequent nein sagen müssen". Besehen wir uns kurz den Lebenslauf dieses einflußreichen Rechtspolitikers. Geboren wird Kleinert 1932 in

Essen als Sproß einer typisch mittelständischen Familie. Nach Kriegsende, Kleinert ist noch keine 13 Jahre alt, verschlägt es die Familie ins Braunschweigische, wo er dann 1951 sein Abitur macht. Ab dem Sommersemester desselben Jahres studiert er in Erlangen: „Eine richtige Kolonie von Fremden und Zugereisten waren wir damals dort". Nach zwei Semestern zieht es ihn mit einigen Freunden nach München, wo er als Corpsstudent einem für diese Zeit eher abwechslungsreichem akademischen Leben fröhnt. Dennoch steht am Ende des ersten Examens ein solides Prädikat.

Die große juristische Staatsprüfung legt Referendar Kleinert dann später in Celle ab, weil es ihn mit einigen Stagen nach Niedersachsen zurückzieht, wo er sich nach wie vor heimisch fühlt. Kurioserweise darf er aber große Teile des Vorbereitungsdienstes als Gast in Bayern ableisten. Über die Unterschiede zwischen Celle und München wundert sich Kleinert – Jahre nach dem zweiten Prädikat – noch heute: „Die bayerische Ausbildung ist von ihrem System her eigentlich schwächer als die überwiegend hervorragenden Ergebnisse. Ich weiß auch nicht, wie das kommt". Von 1960 bis 1969 ist er Rechtsanwalt in Hannover. In dieser Zeit verstärkt sich auch sein politisches Engagement (Liberaler Studentenbund Deutschlands seit 1952) für die freien Demokraten, deren Kreisvorsitzender in Hannover er wird.

25 Jahre Rechtspolitik

Der Einzug in den Bundestag nach der Wahl von 1969 bringt dann einige Veränderungen. Denn in der heute vier Juristen umfassenden Sozietät kann Kleinert natürlich als Abgeordneter nicht mehr uneingeschränkt mitarbeiten: „Wenn man als Rechtsanwalt am laufenden Band Termine absagen muß, werden auf die Dauer Richter und Mandanten doch sehr gereizt".

Gerne erzählt man in Bonn auch vom zweiten beruflichen Standbein des Detlef Kleinert als Vorstandsmitglied der WertGarantie. Diese in Hannover sitzende Aktiengesellschaft versichert neugekaufte technische Geräte gegen Reparaturkosten. Gerade im Bereich der Unterhaltungselektronik werden solche Policen von Fachhändlern gerne mitverkauft. Ob da noch genug Zeit für Tennis als Ausgleichssport bleibt, vor allem für die Familie (seit 20 Jahren mit einer Studienrätin verheiratet, kleiner Sohn)?

In seinem Fachbereich Recht und Justiz ist Detlef Kleinert ein Freund klarer Worte. Unter Hinweis auf die bekannte Studie der Kienbaum Unternehmensberatung spricht er von „geradezu vorsintflutlichen Arbeitsabläufen“, wenn Akten oft völlig unnütz zwischen Richtern, Geschäftsstellen und Schreibkanzleien hin und her transportiert werden. Kleinert weiß, daß viele Richter auch in dieser Hinsicht gerne Herr des Verfahrens bleiben würden, weswegen er für die zumindest versuchsweise Einführung eines Richtersekretariats für die gesamte Aktenführung plädiert. Kleinert: „Aber obwohl die Gutachten den Länderjustizministern seit Jahren vorliegen, zeigt sich nicht die geringste Bewegung beim Versuch einer organisatorischen Verbesserung“.

Erfahrene Richter, flexible Anwälte

Kleinert – Mitglied im Vermittlungsausschuß und Richterwahlausschuß – wünscht sich Richter, die erst nach beruflichen Erfahrungen in anderen Berufen eingesetzt werden sollten. Wobei dieses angelsächsiche System natürlich einen verstärkten Austausch mit der Anwaltschaft voraussetzt. Aber auch seinen Anwaltskollegen liest Kleinert gerne die Leviten, so wenn er prognostiziert, daß die Singularzulassung nicht mehr lange Bestand haben werde. Genau wie beim Wegfall der Lokalisation und der seit einigen Jahren möglichen überörtlichen Sozietät hätten die Anwälte schließlich genug Zeit, sich auf veränderte Situationen einzustellen.

Nur in einem Punkt hat die standesrechtlich sehr fortschrittliche Phantasie von Detlef Kleinert versagt. Nicht allzu lange Zeit vor der sensationellen Entscheidung des Bayerischen Obersten Landesgerichts vom November 1994 hatte er anwaltliche Tätigkeit in der Rechtsform der GmbH für ausgeschlossen gehalten: „Eine klare Grenzziehung zwischen freiem Beruf und Gewerbe ist dabei nicht möglich“. Irren ist menschlich. Vor allem bei meinungsfreudigen Politikern, deren kantiges Profil die Masse der unauffälligen Parlamentarier überragt. *hjb*

Mathilde Koller

Sie hat eine Vorliebe für fremde Sprachen und die große weite Welt. So fühlte sich Mathilde Koller eigentlich zu den Sprachwissenschaften hingezogen. Doch Vater Nikolaus Lerner war Kaufmann und als solcher ein praktisch denkender Mensch. Der Beruf eines Sprachmittlers sei für seine Tochter nicht das richtige, befand der Vater: „Studiere Jura, da kannst du überall mitreden." Der väterliche Rat stößt nicht auf taube Ohren: Mathilde, mittlere von fünf Geschwistern, studiert Jura in Saarbrücken, ihrer Heimatstadt. Ihr erstes Plädoyer hält sie als Anklagevertreter in einem Fall von Alkohol am Steuer: „Da sind selbst dem Angeklagten die Tränen gekommen".

An der Uni lernte sie Jürgen Koller kennen, ihren späteren Ehemann. Ihm folgt sie 1977 nach Köln. Köln – das hatte schon etwas von großer weiter Welt (zumindest mehr als Saarbrücken). Als eine große Bundesbehörde dann per Zeitungsinserat Mitarbeiter sucht, meldet sich die junge Referendarin und wird 1978, damals 28jährig, beim Bundesamt für Verfassungsschutz angestellt. Dieses Metier sollte Mathilde Koller nun von der Pike auf kennenlernen, zumal sie im Rhythmus von drei bis fünf Jahren die Abteilungen wechselt. Zuerst die Abteilung Recht- und Grundsatzfragen, dann ein Jahr im Bundesministerium des Innern, in der Dienst- und Fachaufsicht Rechtsextremismus. Im Prozeß gegen den rechtsextremistischen Anführer der berüchtigten „Wehrsportgruppe Hoffmann“, der 1980 vor dem Bundesverwaltungsgericht stattfindet, muß Mathilde Koller dem Vertreter des BMI zuarbeiten.

Zurück beim Verfassungsschutz ist Mathilde Koller unter anderem mit dem Linksextremismus befaßt. Bei der Betreuung von „in Haft geratenen Quellen“ kommt sie das erste Mal mit dem DDR-Staat in Kontakt, genauer: mit der Haftanstalt Bautzen II. Die DDR beginnt sie noch mehr zu beschäftigen, als sie von 1981 bis 1985 bei der Spionage-Abwehr arbeitet, Abteilung DDR. Ihr Urteil über die Truppe von Markus Wolf: „Es war einer der bestorganisierten Geheimdienste.“ 1987 wird sie Leiterin der Stabstelle und rechte Hand von Präsident Gerhard Boeden. Doch der Traum von der großen weiten Welt bleibt. Im August 1991 geht Mathilde Koller nach Rom, an das Nato Defense College, eine Art Nato-Eliteschule. Sie will weg vom Verfassungsschutz, will zur EU.

Sachsen statt Europa

Doch statt nach Europa geht es im März 1992 nach Sachsen. Dort wird jemand gesucht, der das neue Landesamt für Verfassungsschutz auf die Beine stellt. Die Aufgabe reizt. „Ich wollte einfach sehen, ob ich das schaffe.“ Fehler, die sie bei anderen Vorgesetzten gesehen hat, will sie vermeiden. Das ist nicht einfach, wie sie bald einsehen muß. Als Mathilde Koller im Frühjahr 1992 in Dresden ankommt, findet sie ein paar Arbeitsräume vor und sieben erwartungsfrohe Leihbeamte. Jetzt macht es sich bezahlt, beim Bundesamt oft die Abteilungen gewechselt und alles kennengelernt zu haben: „Das war für mich lebensnotwendig.“

Vor allem aber ist Sensibilität gefragt in einem Umfeld, wo vor nicht allzulanger Zeit der DDR-Staatssicherheitsdienst seine Bürger bespitzelte. Ihr Rezept: Transparenz und Öffentlichkeit. „Das ist eine Gratwanderung“, muß Mathilde Koller bekennen, denn zuviel Öffentlichkeit macht die eigene Arbeit unmöglich. Sie wird nicht müde, immer wieder auf die Unterschiede zwischen Stasi und Verfassungsschutz hinzuweisen, einer Behörde ohne Vollzugsvollmachten und unter parlamentarischer Kontrolle. „Wenn wir die Verfassung nicht schützen, machen es andere, beispielsweise die Presse, die keiner parlamentarischen Kontrolle unterliegt“, läßt sie keinen Zweifel an der Notwendigkeit ihrer Behörde aufkommen.

Verfassungsschutz ohne Stasis

Seit Ende 1992 sitzt Mathilde Koller auf dem Stuhl des Verfassungsschutzpräsidenten, die erste Frau in einem solchen Amt. Selbst die Genossen von der PDS-Landtagsfraktion, ausgemachte Gegner des Verfassungsschutzes, können ihr den Respekt nicht verwehren.

Der Aufbau des Landesamts für Verfassungsschutz ist gut vorangekommen. Kürzlich konnte der zweite Jahresbericht vorgelegt werden, Mathilde Koller ist zufrieden. Technisch sei man vorzüglich ausgestattet. Effizient soll die Behörde sein, ein Verfassungsschutz von Sachsen für Sachsen.

Zur Zeit diese Gesprächs versahen 126 Verfassungsschutzleute ihren Dienst beim Landesamt – natürlich ohne ehemalige Stasi-Leute. Aus dem Westen kommen nur 23 Mitarbeiter, was gemessen an anderen Behörden wenig ist. Schon bald soll die endgültige Personalstärke mit rund 200 Mitarbeitern erreicht werden.

Dann ist die Aufgabe der Mathilde Koller erfüllt. Eigentlich wieder einmal Zeit zu wechseln. Mathilde Koller lacht: „Ich befinde mich in einem gefährlichen Stadium ...“ *rh*

JOACHIM LANG

Die Themen auf dem Juristentag sind immer wieder Gegenstand kritischer Anmerkungen: nicht aktuell, wissenschaftliche Randthemen, dem einen nicht praxisbezogen genug, dem anderen nicht ausreichend visionär. Im Kanon der Abteilungen findet sich 1994 aber ein Thema, das jeden angeht. Auch wenn der Titel das nicht ganz klar herausarbeitet: Wie die Vereinbarkeit von Berufstätigkeit und Familie verbessern? Denn in Wahrheit geht es hier um das ganze Spektrum einer gerechten Besteuerung unser aller Einkommen. Und wenn Kinderlastenausgleich, Ehegattensplitting und Familiensteuer diskutiert werden, ist ein Mann nie fern: Professor Dr. Joachim Lang, Nachfolger und Co-Autor des berühmten Klaus Tipke am renommierten Kölner Lehrstuhl für Steuerrecht.

Schauspielschule und Konzern

In der Münchner Wiege liegen die Paragraphen 1940 nicht. Die Mutter stammte aus einer alten Hoteliersfamilie (Bayrischer Hof) und war Schauspielerin. Lang hat die künstlerische Natur geerbt, schreibt schon mit 12 Jahren erste Novellen, später auch größere Romane. Und als er nach dem Abitur Schauspieler werden will, wundert sich niemand. In Berlin besucht er die Max-Reinhardt-Schule, merkt aber bald, daß er doch lieber etwas Bürgerliches studieren möchte. Von 1960 bis 1965 also ein Jurastudium in München, darunter bei Larenz, dessen Methodenlehre den jungen Juristen fasziniert – und bis heute nachhaltig beeinflußt. Nach Referendarzeit und zweitem Examen in Bayern geht Lang für kurze Zeit in die Industrie und verdingt sich bei der Zahnradfabrik Friedrichshafen. Aber die Konzernrechtsabteilung einer Aktiengesellschaft ist dann doch nicht, wovon der wissenschaftlich interessierte Jurist träumt. Also wechselt er 1970 in die nordrhein-westfälische Finanzverwaltung, geht zwei Jahre später zum Bundesfinanzministerium.

In dieser Zeit schreibt Joachim Lang seine Dissertation über die Systematisierung der Steuervergünstigungen. Und als er dann 1973 promoviert wird, ist Klaus Tipke auf ihn aufmerksam geworden und bietet ihm an, sich an seinem Kölner Institut zu habilitieren.

Nachfolger seines Lehrers

Acht Assistentenjahre später hat Lang nicht nur die stattliche Habilitationsschrift fertig, deren Ausführungen zur Familienbesteuerung dann 1982 vom Bundesverfassungsgericht in seinem wegweisenden Urteil zum Ehegattensplitting herangezogen werden. Mit Lang ist zugleich ein kompetenter Schüler Tipkes herangewachsen, der den traditionsreichen Lehrstuhl – nach einem ersten Ruf an die Technische Hochschule Darmstadt 1982 – im Sommersemester 1988 von seinem verehrten Lehrer übernimmt.

Heute ist Lang nicht nur Direktor des Instituts für Steuerrecht und Vorstandsvorsitzender der Deutschen Steuerjuristischen Gesellschaft. Als Herausgeber von Steuer und Wirtschaft (StuW) und Mitarbeiter in zahlreichen Sachverständigengremien versucht er allenthalben, die oft nach politischen Vorgaben wuchernde Materie Steuerrecht systematischer zu machen. So legt er 1985 einen sensationellen Reformentwurf zu Grundvorschriften des Einkommensteuergesetzes vor, der weniger als zehn Prozent des geltenden Textes benötigt, um in klaren und übersichtlichen Strukturen gerechte Besteuerungen festzuschreiben. Leider ist es beim Versuch geblieben – so wie auch Langs neuestes Werk kaum in Kraft treten dürfte: Im Auftrag von Finanzminister Waigel hat er ein 1 700 Paragraphen starkes Gesetzbuch für alle Steuerarten geschaffen. Leider soll das Werk, vom Spiegel euphorisch als „System aus einem Guß“ betitelt, nur der ministerialen Entwicklungshilfe in den Reformstaaten Mittel- und Osteuropas dienen.

Für mehr Steuergerechtigkeit

Auch in diesem erstaunlichen Buch plädiert Lang – wie in seinen Thesen zum Juristentag 1994 in Münster – vor allem für die klare Nichtbesteuerung des Existenzminimums aller Familienangehörigen. So sollen Unterhaltszahlungen nicht in das zu versteuernde Einkommen fallen, Betreuungskosten voll abzusetzen sein. Kinder sind nach Lang eben keine Privatangelegenheit: „Ein Kinderlastenausgleich ist zwingend notwendig für Steuergerechtigkeit." Der Jurist sieht entsprechende Freibeträge nicht als freiwillige Begünstigung des Staates, sondern spricht stets vom Diskriminierungsverbot, will mehr Neutralität des Staates gegenüber den „Familientypen" mit und ohne Kindern, mit ein oder mit zwei Verdienern.

Vor allem seit der BVerfG-Entscheidung zur Nichtbesteuerung des Existenzminimums sieht Lang mit Freude einen „Paradigmenwechsel": Die von ihm und anderen Steuerrechtlern vertretene Auffassung zeigt nach und nach Wirkung. Vielleicht könnte der vielbeschäftigte Vater von drei Töchtern und einem Sohn nach einem Erfolg seiner Thesen weniger publizieren und in seinem 12-Stunden-Tag etwas kürzer treten. Hat er doch heute, obwohl er zu Referendarzeiten sein Salär als Skilehrer aufbesserte, nur noch wenig Zeit für das Hobby Segeln und die Zeit auf Brettern.

Die anderen Bretter, die seinen früheren Schauspiel-Mitschülern jetzt die Welt bedeuten, sind für Lang heute ebenso wenig ein Thema wie Novellen und Romane: „Meine Kreativität gelangt derzeit restlos ins Steuerrecht!" *hjb*

Sabine Leutheusser-Schnarrenberger

Die Entscheidung, die bislang unbekannte, in Bundespolitik weitestgehend unerfahrene Sabine Leutheusser-Schnarrenberger (40) mit dem klassischen Justizressort zu betrauen, galt selbst in Koalitionskreisen als Überraschung. Parlamentarier aus anderen Fraktionen fragten verwundert: „Sabine wer?" Die F.D.P.-Abgeordnete aus Starnberg ist erst seit Dezember 1990 in Bonn.

Ihre Arbeit als Mitglied zahlreicher Ausschüsse (Rechtsausschuß, Fremdenverkehrsausschuß, Ausschuß für wirtschaftliche Zusammenarbeit, Ausschuß zum Schutz ungeborenen Lebens, Unterausschuß Europarecht) wirkte nach außen eher unauffällig, bestimmt von Sachlichkeit und Zurückhaltung.

Führungsqualitäten

Theo Waigel schaute (nach eigener Aussage, um sich ein besseres Bild verschaffen zu können) erst einmal in das Handbuch des Bundestages. Dort war über die Wahlbayerin u.a. zu lesen: geboren in Minden/Westfalen; Studium der Rechtswissenschaft in Göttingen und Bielefeld; 1979/90 Deutsches Patentamt in München; seit 1989 Leitende Regierungsdirektorin. Als Leiterin der Abteilung Verwaltung/Personal/Haushalt unterstanden ihr zuletzt 500 Bedienstete: Erfahrungen im Personalmanagement, welche ihr bei Erfüllung der neuen Aufgabe hilfreich sein werden.

„Ihr Name schreibt sich schwer, spricht sich schlecht, aber dafür redet sie um so schneller", witzelte in Bonn ein Fraktionskollege. Damit sich in Zukunft nicht nur die Presse auf Wesentlicheres als ihren Namen beschränken kann, ließ die Nachfolgerin Kinkels bereits durchblicken, in Zukunft nur noch den ihres Mannes, des Journalisten Ernst Schnarrenberger, benutzen zu wollen. Kaum war das bekannt, fand man schnell – allen voran Bayernkurier und FAZ – ein neues Opfer, an dessen Namen man sich aufrichtig stören kann: Mischlingshund der Ministerin, gerufen Dr. Martin „Wutzi" Luther.

Die bayerische F.D.P. lobt die Vorsitzende des Kreisverbandes Starnberg und das Mitglied des F.D.P.-Bundesvorstands als „juristische Mehrzweckwaffe". Fleißig, kompetent und redegewandt sei sie. Die Fraktion hebt ihr Wirken im Zusammenhang mit dem Vermögensänderungsgesetz und dem Namensrecht besonders hervor. Sie müssen von ihrer Qualifikation überzeugt sein, wählte man sie doch mit 56 gegen 27 Stimmen gegen den linksliberalen Innenpolitiker Burkhard Hirsch. Vielleicht liegt ein Grund für diese Entscheidung aber auch darin, daß die designierte Justizministerin keine extremen, sondern lieber konsensfähige, der Parteilinie entsprechende Positionen vertritt.

Alte Juristenfamilie

Auf die Herausforderung freut sie sich. „Die Juristerei entspricht meiner Mentalität", äußert sie in einem Interview mit der Zeit selbstbewußt und unerschrocken. Das wundert keinen, der weiß, daß sie aus einer alten Juristen- und Politikerfamilie kommt: Ein Vetter ihres Vaters, der frühere F.D.P.-Politiker Wolfgang Stammberger, stand 1961/62 dem Ministerium vor, das sie nun übernehmen wird. Ihr Vater, von Beruf Rechtsanwalt und Notar, war Bürgermeister von Minden. Die Bürde des neuen Amtes wird schwer lasten. Die Juristin rückt in eines der wichtigsten Ämter, dessen Bedeutung aufgrund der Wiedervereinigung, der damit verbundenen Rechtsangleichungen und der ungelösten Eigentums- und Entschädigungsfragen deutlich zunahm. Wer „Schnarri" (Kollegen-Jargon) kennt, traut ihr aber zu, daß sie diesen Aufgaben gewachsen ist. *jn*

Nachtrag: Ende 1995 ist die streitbare Juristin wegen der FDP-Haltung zum Lauschangriff zurückgetreten.

Jutta Limbach

Es war einmal, und so beginnen eben nicht nur Märchen, es war also einmal eine selbstbewußte junge Juristin, die hatte nach dem zweiten Staatsexamen bereits mit einer ungewöhnlichen Dissertation über „Theorie und Wirklichkeit der GmbH" promoviert und habilitierte sich nun mit einem Stipendium der Deutschen Forschungsgemeinschaft. Und diese junge Juristin von der FU Berlin veröffentlichte in einer juristischen Zeitschrift einen kurzen Beitrag, in dem sie sich mit einer Entscheidung des OLG Köln von 1966 auseinandersetzt. Dabei bediente sie sich (man bedenke: es ist noch die Vor-68er-Zeit) recht kräftiger Ausdrücke: Das Gericht überführte sie einer „undifferenzierten Betrachtungsweise", der Senat müsse sich eines klaren „Fehlgriffs" zeihen lassen. Wer's nicht glaubt, möge den Beitrag von Dr. Jutta Limbach in MDR 1967, Seite 87 f selbst lesen.

Selbstsicher aus Tradition

Wer sich mit unserer Präsidentin des Bundesverfassungsgerichts unterhält, merkt sehr schnell einen ungewöhnlichen Kontrast: In klaren Worten ausgedrücktes Selbstbewußtsein und aneckfähige Meinungen einerseits, ein dazu merkwürdig kontrastierendes Naturell des Ausgleichs und fröhlichen Gemüts auf der anderen Seite.

Geboren wurde Jutta Limbach am 27. März 1934 in Berlin. Die Familie darf man ohne Übertreibung als ungewöhnlich bezeichnen: Großmutter Elfriede Rynek hatte als Sozialdemokratin in der Weimarer Nationalversammlung und im Reichstag gesessen, Urgroßmutter Pauline Staegemann wegen Majestätsbeleidigung im Gefängnis! Der Vater war nach dem Krieg vorübergehend Bürgermeister von Pankow – eine politisch engagierte Sippe also. Aber auch ein Verbund, dem die Gleichberechtigung der Frau schon seit Jahrzehnten offenbar weniger Kopfzerbrechen bereitete als Teilen unserer Gesellschaft noch heute: Über Bildung und Ausbildung der Töchter gab es bei Ryneks keine Diskussion, und niemand zweifelte daran, daß alle ihren beruflichen Weg erfolgreich gehen würden.

Vielleicht hat diese Selbstverständlichkeit bewirkt, daß sich der – nach eigenem Eingeständnis – zweifellos vorhandene Feminismus bei Frau Limbach anders äußert, als dies landläufig erwartet wird: „Ich bin immer wieder überrascht", wundert sie sich, „daß mir im Gespräch regelmäßig eine ausgeprägte Mütterlichkeit attestiert wird." Auch trägt sie, wie eine namhafte Frauenzeitschrift feststellte, bevorzugt „Damenhaftes in gedeckten Farben" – stellen sich Männer eine richtige Emanze nicht ganz anders vor?

Jura keine erste Wahl

In der Schule betreut sie als Chefredakteurin eine Schülerzeitung und möchte eigentlich lieber Journalistin werden: „Deutsch und Geschichte wären meine Lieblingsfächer geworden, aber ein Freund meines Vaters hat mir dann zu Jura geraten." Nach dem ersten Examen 1958 beginnt ihre Referendarzeit jedoch zunächst mit einem „desillusionierenden Start" beim Amtsgericht Moabit. Erst nach und nach gewinnt sie Freude an der Arbeit, 1962 machen dann eine Freundin und sie die beiden besten Assessor-Examina des Jahres.

Während sie als wissenschaftliche Assistentin an der FU Berlin ihren Doktor macht, wird 1964 ihre erste Tochter Anna Caroline geboren, die heute Richterin ist. Während der eingangs erwähnten Habilitandenzeit von 1966 bis 1969 werden zwei Söhne geboren: Benjamin – tatsächlich der jüngste – studiert ebenfalls Jura; nur Daniel, das mittlere der drei Kinder, hat es zu den Naturwissenschaften gezogen. Die Familiengründung mit dem Fachkollegen Peter Limbach (heute im Bonner Innenministerium) tat der Karriere keinen Abbruch: „Die Erziehung unserer Kinder war stets gemeinsame Aufgabe, Hausarbeit wird nach Vorlieben aufgeteilt." Während sie ab 1971 als Professorin Karriere in Berlin macht, führt ihr Ehemann das Haus in Bonn und hält ihr den Rücken frei. So engagiert sie sich neben ihrer Arbeit als Professorin auch in wissenschaftlichen Beiräten, juristischen Gesellschaften und bei der Friedrich-Ebert-Stiftung.

Ach ja: Friedrich-Ebert-Stiftung. Fast hätten wir ihren zwar nicht vorgezeichneten, aber angesichts der Familientradition auch nicht sehr überraschenden Eintritt in die SPD vergessen. Von 1989 bis 1994 ist sie Senatorin für Justiz, Rot-Grün war das damals unter Walter Momper. In der großen Koalition unter Eberhard Diepgen behielt sie ihr Amt, das im Zuge der Wiedervereinigung an der Hauptnahtstelle des gelegentlich schmerzhaften Zusammenwachsens viel von der Justiz forderte. Schließlich fanden und finden vor allem hier die Prozesse gegen alte DDR-Bonzen wie kleine Mauerschützen statt. Verständlich also, wenn es auch Kritik gab.

In Karlsruhe beliebt

Heute ist das Amt zwar ein gewisser Schutz vor allzu heftigen Angriffen. In ihrer offenen Art dürfte „Jutta Courage" (Der Spiegel) aber auch künftig für die eine oder andere Schlagzeile sorgen. Bei ihren neuen Kollegen in den beiden Karlsruher Senaten scheint sie sehr beliebt zu sein, die Art des Umgangs miteinander deutet auf schnelle Integration hin. Und wer überstundengeplagte Mitarbeiter des Hauses zu einem Umtrunk einlädt, darf sich der Wertschätzung seiner beruflichen Umgebung sicher sein.

So bleiben nur noch wenige Fragen an die Präsidentin. Wofür sie sich besonders interessiert: nach wie vor Familienrecht und fachübergreifend die Rechtssoziologie. Was sie schon geändert hat: im Senat werden eigene Sachen nicht mehr selbst moderiert, sondern einem anderen Richter zur Leitung der Diskussion übergeben. Was sie ändern würde, wenn sie es könnte: für mehr Durchlässigkeit zwischen der Justiz und nichtrichterlichen Berufen sorgen.

Die sehr persönliche Antwort auf die Frage, ob es etwas gibt, das sie bedauert: „Ich hätte den Mut zu einem vierten Kind haben sollen." *hjb*

Ernst Gottfried Mahrenholz

Es gibt kaum einen, der in kurzer Zeit soviel Verschiedenes gemacht hat. „Da habe ich schon richtig Glück gehabt", befand einmal der derzeitige Vizepräsident des Bundesverfassungsgerichts. Verwaltet und repräsentiert habe ich genug in meinem Berufsleben, resümiert er später, vielleicht sogar etwas bedauernd. In diesen kurzen Sätzen spiegelt sich anschaulich die berufliche Karriere des Niedersachsen Ernst Gottfried Mahrenholz.

Sturmflut und Konkordat

Der 1929 geborene Sohn aus protestantisch-liberalem Elternhaus (sein Vater ist ein angesehener Theologe und Kirchenmann) studiert selbst erst Theologie und Philosophie, ehe er sich der Rechtswissenschaft zuwendet. Nach seiner juristischen Ausbildung, vorwiegend im heimatlichen Göttingen und in Tübingen, beginnt Mahrenholz 1960 sein abwechslungsreiches Berufsleben in der Verwaltung: Er tritt in den Staatsdienst des Landes Niedersachsen ein, als persönlicher Referent des damaligen Ministerpräsidenten Hinrich Wilhelm Kopf. Schon im darauffolgenden Jahr wird er Dezernent für Gesundheitsfragen beim Regierungspräsidenten in Hannover, ein weiteres Jahr später ist er Kreisassessor im Landkreis Wesermünde. In diesem Amt erhält er die Sturmflutmedaille für seine Verdienste während der Flutkatastrophe von 1962. Anschließend arbeitet er bis 1965 als Mitglied der Niedersächsischen Verhandlungsdelegation für den Abschluß des neuen Konkordates mit dem Heiligen Stuhl, hierfür hatte er sich durch seine Assistentenzeit 1959 am Kirchenrechtlichen Institut in Göttingen bei Rudolf Smend besonders qualifiziert. Papst Paul VI ernennt ihn für seine Arbeit zum Ritter des Ordens vom Heiligen Sylvester.

Die prägnanten Stationen im Leben des Sozialdemokraten Mahrenholz, mit 21 Jahren der SPD beigetreten, beginnen freilich erst 1965, als er für fünf Jahre Direktor des NDR-Funkhauses Hannover wird. Von 1970 bis 1974 ist er dann Staatssekretär der Niedersächsischen Staatskanzlei unter dem damaligen Ministerpräsident Kubel. Anschließend leitet er bis zur Regierungsübernahme durch Ernst Albrecht (1976) das Kultusministerium in Niedersachsen. Mahrenholz wird Rechtsanwalt in Hannover und wechselt als SPD-Abgeordneter des niedersächsischen Landtags (1974-81) in die Opposition. Er ist nun auch rechtspolitischer Sprecher der niedersächsischen SPD-Landtagsfraktion.

Minderheitsvoten eines Sozialdemokraten

Für ihn selbst überraschend, wird er 1981 zum Nachfolger von Martin Hirsch beim Zweiten Senat des Bundesverfassungsgerichts gewählt. Der „Garant für liberales Denken und für Verfassungsstrenge" (Die Zeit) erbte so den Richterstuhl seines Doktorvaters Gerhard Leibholz. Im Zweiten Senat des Bundesverfassungsgericht ist Mahrenholz zuständig für Parlamentsrecht und Strafprozeß. Mehrfach tritt er zu wichtigen Fragen mit abweichenden Voten in Erscheinung, so 1984 zur Entscheidung des Bundesverfassungsgerichts in der Nachrüstungfrage oder 1985 zur Entscheidung über die Zivildienstnovelle. Dies bringt ihm bald die Bezeichnung als „Querdenker" ein.

1987 übernimmt er von Wolfgang Zeidler den Vorsitz des Zweiten Senats sowie die Nachfolge von Roman Herzog als Vizepräsident des Bundesverfassungsgerichts.

Der Präsidentensitz wird ihm aber „erspart" bleiben, denn die Amtszeit des Präsidenten Herzog läuft noch, wenn Mahrenholz 1993 aus seinem Amt ausscheidet und den nach seiner Ansicht „schönsten Arbeitsplatz Europas" verlassen muß. *jn*

Eugen Menken

Seit 1994 haben Kölner Verkehrssünder und ihre Rechtsanwälte weniger zu lachen, die Taxifahrerzunft bedauert gleichfalls einen herben Verlust: Eugen Menken – Verkehrsrichter seines Zeichens – geht mit 65 Jahren in den Ruhestand. Sie haben Humor und Sie kennen Eugen Menken nicht? Dann haben Sie etwas versäumt! Stellen Sie sich einen Kölschen Amtsrichter vor, der dem Volk nicht nur aufs Maul schaut, sondern seine Urteile auch in Volkes Sprache verfaßt, so daß wirklich jeder Normalbürger ihn verstehen muß (vielleicht der Jurist nicht mehr). Hatten Sie schon ein Urteil vor sich, zuweilen in Versform abgefaßt und mit Zitaten gespickt, die von Apostel Paulus bis Schiller reichen und auch Heinz Erhard nicht vernachlässigen? Hinzu kommt eine ausgesprochen volksnahe Sachverhaltsdarstellung. Dann haben Sie ein typisches Menken-Urteil in der Hand, wie jenes, dessen Falles Quintessenz die Problematik des deutschen Schilderwalds so zusammenfaßt, daß es den Vergleich mit Reimen von Eugen Roth nicht zu scheuen braucht:

„Auf unserer Straßen Asphalt, da stehen gedrängt wie im Wald,
nur selten allein, weil öfter zu zwein, die Schilder kraft Staates Gewalt.
Gar manches hat keinen Gehalt, weil sinnlos ins Leere es hallt:
Es steht nur zum Schein. Doch gilt allgemein: In Kraft ist in Kraft,
wenn's geknallt."

Daß dieser Mann nicht unumstritten sein kann, muß jedem klar sein. Verfalle aber niemand in den Fehler und halte Menken für einen volkstümlichen Charakter. Damit würde man ihm nicht gerecht. Denn Menken ist zwar durchaus ein Unikum mit ausgesprochener Neigung zur Sartire, das sich gut in Szene zu setzen weiß. Er ist aber auch verblüffend belesen und vielseitig interessiert (das ist überhaupt ein hervorstechendes Merkmal bei ihm). Und auf seinem Fachgebiet des Verkehrsrechts ist er der Spezialist par excellence.

Jesuit und Philosoph

Ein Einblick in sein Leben: Menken ist durch Geburt und auch aus Überzeugung Kölner. Seinen beruflichen Lebensweg – vorher war er auf einem humanistischen Gymnasium – begann er 1949 als Novize in dem Jesuitenorden, übrigens ebenso wie sein damaliger Kommilitone Heiner Geissler. Hier widmete er sich dem Studium der Philosophie und lernte kritisches Denken. Wie man hinzufügen will: Er hat es seitdem auch nicht verlernt. Das stellt er in seinen Urteilen, Schriften und auch im Gespräch immer wieder unter Beweis. 1953 verließ er den Orden, weil seine Motive für den Eintritt „nicht die richtigen" waren, und in kürzester Zeit absolvierte er die juristische Ausbildung. 1963 wurde er als Richter zunächst einmal in Aachen eingesetzt, um, wie er scherzhaft meint, zunächst die Kölner Bevölkerung zu schonen. 1969 kehrte er „aus dem Exil" zurück, war zunächst Ermittlungsrichter und wurde dann Verkehrsstrafrichter in Köln. In diesem Bereich machte er sich alsbald einen Namen.

Ampel-Eugen

In gleichem Maße, wie er bei den Kölnern und deren Anwälten durch seine bürgernahen und originellen Urteile Aufsehen erregte, genauso wurde er von der Obrigkeit mißtrauisch beäugt, weil er vorgegebene Regeln und Richtlinien in Frage stellte.

Als Richter, der jährlich bis zu 200 Ampelsünder zu verurteilen hatte, (selbst aber kein Auto fährt,) wetterte Menken gegen Verurteilungen von Kraftfahrern wegen Rotlichtverstößen infolge erheblich verkürzter Gelbphasen. Die machten, so entschied er selbst,„ein Überfahren der Ampel bei Rot für den Fahrer zu einem unvermeidlichen Ereignis". (In diesem Zusammenhang sei erwähnt, daß er für die Forschungsgesellschaft für Straßen und Verkehrswesen lange Zeit an der Verbesserung der Richtlinien für Lichtsignalanlagen mitarbeitete.)

Als Menken mit seinen Ansichten zur Verfassungswidrigkeit der Erzwingungshaft vor das höchste deutsche Gericht ging, schien es seiner Justizverwaltung zuviel zu werden. Menken wurde selbst aus dem Verkehr gezogen und vom Verkehrsstrafgericht zum Verkehrszivilgericht strafversetzt. Daß er auch hier seit 1976 zur Freude – und nur gelegentlich zum Verdruß – der Parteien sein „Unwesen treibt“, steht außer Frage. Zwischendurch machte er allerdings auch einmal einen kurzen Abstecher ins Bundesverkehrsministerium, aufgrund einer einjährigen Abordnung.

StVO bürgernah

Menken, der natürlich seiner Fachrichtung entsprechend Mitglied im Deutschen Verkehrsgerichtstag ist und sich auch im Arbeitskreis für Rechtssoziologie engagiert, betätigt sich selbstverständlich neben der literarischen Verfassung seiner Urteile auch schriftstellerisch, immer mit der Intention, Recht dem Bürger verständlich zu machen. So hat er neben vielen anderen Werken einen Ratgeber zur TV-Serie 7. Sinn verfaßt, in dem die StVO allgemein verständlich dargestellt wird. Von ihm stammen auch zahlreiche Broschüren und Beiträge zu verkehrsrechtlich relevanten Themen. Daß auch der Sonderdruck aus: 60 Jahre Konrad Pfundt „Der Schutz der Schwächeren im Straßenverkehr – ein uraltes Thema und eine neue mißliebige Vorschrift“ auf ihn zurückzuführen ist, erkennt man schon an der Überschrift. Mit Eintritt in sein Rentenalter ist die Herausgabe seiner Urteile in Buchform geplant, dies unter dem bezeichnenden Titel „Sprüche vom Rheinischen AG“.

Nach seinen Hobbies befragt meint er, Glück gehabt und aus seinem Beruf sein Hobby gemacht zu haben. Aber selbstverständlich interessiert er sich genauso für Literatur, alle Satiriker der Welt und mathematische Denksportaufgaben. Anders kann man sich auch sein umfangreiches Zitatwissen nicht erklären. Nur der tätige Sport ist nicht sein Fall, denn schließlich habe „schon mancher seiner Gesundheit sein Leben geopfert.“ *bf*

Tip: Einen typischen „Menken“ finden Sie in MDR 4/1994 auf S. 354.

Franz Merz

Im allgemeinen werden Änderungen bei der Besetzung von Richterstühlen am Bundesgerichtshof in Karlsruhe der Öffentlichkeit nur äußerst knapp mitgeteilt. Denn die Medien stufen das Interesse der Bevölkerung als nicht besonders hoch ein, was damit zusammenhängen mag, daß in den letzten drei Jahren beinahe die Hälfte der über 100 BGH-Richter und Richterinnen aus Altersgründen wechselte.

Populär und kompetent

Anders verhält es sich beim Bundesrichter Franz Merz, der Ende Februar 1992 – kurz nach Vollendung seines 65. Lebensjahrs – in den Ruhestand getreten ist. Das Geburtstagskind wird von namhaften Juristenkollegen mit einer Festschrift geehrt, die ihresgleichen sucht. Eine stattliche Zahl von Richtern (überwiegend vom BGH), Professoren, Ministerialbeamten, Rechtsanwälten und Notaren zeigt eindrucksvoll, wie groß der Kreis der Freunde und Verehrer des Jubilars ist; die breite Spanne der erörterten Rechtsgebiete spricht für die Vielseitigkeit des Juristen Merz. Darüber hinaus berichten auch die Zeitungen umfangreich über den aus Pfarrkirchen stammenden Niederbayern. Das große Echo bei den Medien ist vor allem dadurch zu erklären, daß der humorvolle Bundesrichter zu den beliebtesten und orginellsten Richterpersönlichkeiten zählt, die der BGH je hatte. Der quirlige, eher kleine Mann mit den funkelnden wasserblauen Augen hat das Gericht durch ungezählte geschriebene und gesprochene Worte mitgeprägt, schreibt die Süddeutsche Zeitung geradezu euphorisch. Zur Popularität des Richters Merz mag auch beigetragen haben, daß der exellente Sach- und Personalkenner vielen Journalisten Ansprechpartner war: sieben Jahre lang als Leiter und danach noch einige Jahre als stellvertretender Leiter der Pressestelle des BGH.

Mit Tempo in den Un-Ruhestand

Aus russischer Gefangenschaft 1945 zurückgekehrt, studiert Franz Merz Rechtswissenschaften; 1952 tritt er in den bayerischen Justizdienst ein. Er beginnt bei der Staatsanwaltschaft am Oberlandesgericht Nürnberg, folgt später einer Abordnung an das Bundesjustizministerium, ehe er schließlich als Richter tätig wird. Es spricht für Arbeitsenergie, Pflichtgefühl und Leistungsbereitschaft, daß Merz neben seiner Tätigkeit am Landgericht München I noch nebenamtlicher Richter am Bayerischen Verwaltungsgericht ist und in den darauffolgenden Jahren nicht nur am Oberlandesgericht München arbeitet, sondern auch als Mitglied des Bayerischen Verfassungsgerichtshofs.

Dem Bundesgerichtshof gehört Franz Merz seit 1974 an, auch hier übernimmt er wieder vielfältige Aufgaben. Seit 1983 ist er Vorsitzender des IX. Zivilsenats, der bis in die achtziger Jahren vorwiegend mit Entschädigungsfragen befaßt ist. 1985 wird er zugleich Vorsitzender des Senats für Patentanwaltssachen und stellvertretener Vorsitzender des Senats für Anwaltssachen. Außerdem gehört der Jurist (mit einem Faible für schnelle Autos) für jeweils zwei Wahlperioden sowohl dem Präsidialrat als auch dem Präsidium des BGH an. Dem nicht genug, arbeitet der Spezialist für Konkurs- und Vergleichsrecht in den Jahren 1978 bis 1985 in der Kommission für Insolvenzrecht des Bundesjustizministeriums mit. Seine Sachkompetenz und seine praktischen Erfahrungen machen ihn zudem im In- und Ausland zum gefragten Autor und Referenten. Der „Ruhestand“ des vielseitigen Juristen wird eigentlich gar keiner sein: Der energiegeladene Pensionist folgt dem Ruf der Justizbehörden der neuen Bundesländer nach Hilfe beim Aufbau der Rechtspflege. Im tiefsten Preußen, im brandenburgischen Neuruppin, wird der Niederbayer Merz noch einige Jahre als Kreisrichter agieren. *jn*

Nachtrag: Merz ist relativ kurz nach diesem Dienstantritt verstorben.

Hans-Jürgen Rabe

Die Meldung geriet ein wenig in den Windschatten der Karlsruher Entscheidung in Sachen Maastricht, in der FAZ – sonst zuverlässiger Berichterstatter über rechtspolitische Fragen – fanden sich gar nur wenige Zeilen in der Rubrik „Kleine Meldungen": Die Franzki-Nachfolge als Präsident der Deputation des Deutschen Juristentages hat Professor Dr. Hans-Jürgen Rabe angetreten. Anlaß genug also, diesen Juristen zu portraitieren, der in seinem Leben meist als jüngster (oder den Konkurrenten auf andere Weise vor der Nase) ins Ziel gegangen ist.

Ein Europa-Pionier

Der Blick in die Ferne war schon aus der Wiege möglich, stand diese doch in Hamburg. Ein Standort, der viele Juristen mit internationalen Ambitionen hervorgebracht hat. Im März 1935 wurde Rabe hier also geboren, wo bis heute seine Wurzeln liegen und die wichtigsten Entscheidungen für seine berufliche Karriere gründen. Auch seine erste juristische Staatsprüfung (Note: gut) besteht er hier, nicht allerdings, ohne ein Studium auch an zwei anderen Universitäten absolviert zu haben, nämlich in Heidelberg und in Berlin. 1958 beginnt dann die Referendarzeit in Bonn, näher an Brüssel, das schon zu dieser frühen Zeit eine starke Anziehungskraft auf den jungen Juristen ausübt. Neben den üblichen Stagen und einem Besuch der Verwaltungshochschule in Speyer promoviert Hans-Jürgen Rabe parallel zur Referendarzeit und legt schon 1962 seine Dissertation vor: Das Verordnungsrecht der europäischen Wirtschaftsgemeinschaft. Was lag da näher, als im Anschluß an das zweite Prädikatsexamen bei der EG anzuheuern. Und in der Tat rangen zwei interessante Arbeitgeber um die Gunst des 28jährigen Doktors: Sowohl in Brüssel als auch in der Anwaltschaft seiner Heimatstadt wartete eine interessante Erstanstellung.

Doch lieber Anwalt

Um die Entscheidung hat der Jurist schwer gerungen. Mit Schmerzen, so sagt er selbst, ging er dann doch nicht nach Brüssel und trat in die angesehene Sozietät Schön & Pflüger ein. Schon nach wenigen Monaten wird er Partner, erst 29 Jahre alt. 1966 wird er Schriftleiter der Zeitschrift Europarecht, ab 1973 ist er Lehrbeauftragter für Lebensmittelrecht an der Universität in Münster – mit dem Gedanken, sich zu habilitieren, hat Rabe in dieser Zeit natürlich nicht nur gespielt. Aber sein berufliches Engagement und eine kaum aufzuzählende Vielzahl von Ehrenämtern ließen ihn dann doch vor dieser zeitraubenden Plackerei zurückschrecken.

Erst Chef des Anwaltvereins ...

Mitte 30 ist Rabe, als er Mitglied des Präsidiums und des Vorstands im Deutschen Anwaltverein (DAV) wird, dort gleich zum Schatzmeister avanciert. Als jüngster Präsident in der Geschichte des DAV rückt er dann 1978 an die Spitze dieses großen Berufsverbandes, den er – bei Journalisten der Publikumspresse sehr beliebt – öffentlichkeitswirksam vertritt. Nach fünf Jahren, neue Aufgaben machen den Terminkalender immer enger, steht Rabe für dieses Amt nicht mehr zur Verfügung. Denn zwischenzeitlich hat seine Kanzlei eines der ersten Zweigbüros in Brüssel eröffnet. Drei bis vier Anwälte sind dort heute fest für die Sozietät (jetzt Schön, Nolte, Finkelnburg & Clemm) an einer der Schnittstellen des Wirtschaftsrechts tätig. Alle Anti-Dumping-Fälle des Rats gegen fremde Länder und alle Kommissionssachen in Zollfragen vertritt das Büro, während die Kanzlei insgesamt nur mit vielleicht zehn Prozent forensisch tätig ist.

Daß die europäische Rechtsentwicklung zumindest in Hamburg kein Dasein als Orchideenfach fristet, ist ihm besonders wichtig. Die lebendige Vermittlung von Fallwissen, aber wissenschaftlich gut fundiert, hat er sich zur Herzensangelegenheit gemacht und liest trotz seiner enormen beruflichen Belastung montags Europarecht an der Universität Hamburg. Hier ist er seit 1987 Lehrbeauftragter, seit vergangegem Jahr Honorarprofessor. Bei den Studenten, denen die Identifikation mit einem praktizierenden Rechtsanwalt offensichtlich leichter fällt als mit einem Nur-Wissenschaftler, sind die Veranstaltungen außerordentlich beliebt und stets gut besucht. Am liebsten möchte der agile Jurist die gesamte Ausbildung „auf andere Füße stellen": mehr Praxis, klarere Ausrichtung auch auf den Anwaltsberuf. Der Einheitsjurist sollte nach seiner Auffassung nur bis zum ersten Examen Zielvorstellung sein, eine durchschnittliche Studiendauer von 12 Semestern sei auch zuviel. Die Referendarzeit hält er in der vorgegebenen Ausrichtung auf den Richterberuf ohnehin für verfehlt.

... dann an die Spitze des Deutschen Juristentags

Vielleicht kann Rabe ja jetzt in seiner neuen Funktion als Kopf des Deutschen Juristentags etwas bewegen. Jedenfalls ist ihm die Kombination der drei Bereiche, die sein berufliches Leben bestimmt haben, sehr wichtig: Wissenschaft, Rechtspflege und Rechtspolitik im Verbändebereich. Ob dies die letzte Station seiner beruflichen Laufbahn sein wird, darf mit Fug und Recht bezweifelt werden. Hatte doch schon bei seiner Ernennung zum Richter am Hamburgischen Verfassungsgericht 1987 in der Welt gestanden, Rabe gelte längst als „ministrabel". Seine Fähigkeit zur druckreifen Formulierung und eine hanseatisch vornehme, dennoch nicht zu übersehende Durchsetzungsfähigkeit dürften bei dieser Wertung eine Rolle gespielt haben. Um sich für die Belastungen des Berufs und der anstrengenden Pendelei zwischen Brüssel und Hamburg fit zu halten, betreibt Rabe (3 Kinder und zwei Enkel) regelmäßig Sport. Vor allem der Langstreckenlauf hat es ihm angetan, Ski und Tennis hat er aus Zeitgründen praktisch aufgegeben. Was den erfolgsgewohnten und stets früh an der Ziellinie eintreffenden Juristen aber besonders betrübt, ist die eigene Erkenntnis, daß er eine Teilnahme beim New York Marathon wohl nicht mehr ernstlich in Betracht ziehen kann. Voller Neid blickt er auf einen Anwaltskollegen im DAV-Vorstand, der hier einmal die Nase vorn hatte. *hjb*

Ulrike Rodenbusch
Sebastian Korts

Doppelkopf! Erstmals stellen wir nicht einen Juristen oder eine Juristin vor, sondern gleich zwei. Der Anlaß für diese Abweichung nach über 40 Einzel-Steckbriefen ist aktuell: Objekt unseres Porträts sind die beiden Geschäftsführer der ersten in Deutschland eingetragenen Anwalts-GmbH. Auch sonst geht es eher unkonventionell zu – vielleicht sollten standesrechtlich empfindsame Gemüter lieber weiterblättern ...

Überraschende erste GmbH

Wer die Diskussion um die epochemachende Entscheidung des Bayerischen Obersten Landesgerichts vom November 1994 verfolgt hat, kennt einen Teil der Argumente gegen die Anwalts-GmbH. Immer wieder wurde die Gefahr heraufbeschworen, dies begünstige die ohnehin durch höhere Spezialisierung und überörtliche Sozietät bevorzugten Großkanzleien (vgl. zuletzt Braun in MDR 1995, 447). Ob es eine Tendenz ist oder nur Zufall, vermag niemand zu sagen – jedenfalls gehört die erste eingetragene RA-GmbH nicht dazu: Ulrike Rodenbusch (30) und Sebastian Korts (38) gehören klar zu den jungen und kleinen Sozietäten.

Sehen wir uns, bevor wir die Geschichte der neuen Gesellschaft kennenlernen, erst einmal die beiden Akteure an: Ulrike Rodenbusch wurde 1965 in Düsseldorf geboren, wo sie 1984 ihr Abitur macht. Von 1985 bis 1990 studiert sie in Köln Jura und einige Semester BWL. Nach der Referendarzeit im LG-Bezirk Aachen folgt Ende 1993 das zweite Examen. 1994 arbeitet sie dann, einer Neigung zum Grundstücksrecht folgend, in einem Notariat. Eine schwere Erkrankung zwingt sie zum Abbruch des Berufseinstiegs. Aber mit Energie nutzt sie ihre teilweise sehr langen Krankenhausaufenthalte dazu, in nur einem Jahr ihre Dissertation fertigzustellen. Anfang 1995 nimmt sie die Arbeit wieder auf und sucht als junge Anwältin nun einen Kölner Kollegen für ein Korrespondenzmandat.

Keine 08/15-Juristen

Auftritt Sebastian Korts. Er wurde über einen gemeinsamen Bekannten ausgeguckt, das Mandat aus Düsseldorf zu übernehmen. Und aus diesem ersten Kontakt geht dann nach recht kurzer Zeit der Beschluß zur Kooperation hervor. Aber auch hier soll der – für einen Volljuristen ziemlich bunte! – Lebenslauf knapp geschildert werden: Geboren 1957 in Duisburg, dann aber bald mit den Eltern von dort weggezogen. Seit 25 Jahren lebt er in Köln, wo er auch Abitur macht und studiert.

Bei der Bundeswehr bringt er es bis zum Hauptmann. Das Studium dauert, Korts gibt es unverblümt zu, doch deutlich länger, als das heute zu Freischuß-Zeiten korrekt erscheint. Student Korts muß sich seinen Unterhalt freilich selbst verdienen, fährt Taxi, arbeitet in einem Bierverlag, jobbt bei einem Immobilienmakler und leitet eine „In-Bar“. Nach dem Examen und der damals im Rheinland nicht unbeträchtlichen Wartezeit holt er das als Referendar aber wieder auf: Die gesamte Zeit über arbeitet er bei einem Anwalt und bereitet sich so auf das zweite Examen vor. Nach seiner Zulassung zur Anwaltschaft ist er einige Zeit bei einer Wirtschaftsprüfungsgesellschaft tätig, arbeitet dann als selbständiger Anwalt, bis er – hier schließt sich der Kreis – beim letzten Jahreswechsel von seiner Kollegin Rodenbusch gebeten wird, ein Mandat in Köln zu übernehmen.

Die Diskussion über den Standort der nun geplanten gemeinsamen Kanzlei versteht nur der örtlich Eingeweihte. Letztlich entschied man, daß unter Aufopferungsgesichtspunkten der Umzug von Düsseldorf nach Köln das kleinere Übel darstelle, so daß hier am 13.2.1995 ein Notar die Gründung einer „Rechtsanwälte Korts & Rodenbusch

GmbH" beurkundet. Ende Februar liegt dem Registerrichter der Antrag vor, die neugegründete Gesellschaft in das Handelsregister zu schreiben.

Nach nur zwei Wochen Bearbeitungszeit erfolgt dann am 13.3.1995 diese bundesweit erste Eintragung. Beanstandungen gibt es keine, weswegen der verwendete Text demnächst auch als Heidelberger Mustervertrag auf den Markt kommt.

Signalwirkung

Und warum das ganze? Welche Vorteile wiegen die nun entstandene Gewerbesteuerpflicht auf, was versprechen sich die beiden Gesellschaftergeschäftsführer von ihrer lange Zeit einmaligen Rechtsform? Beide haben einen Schwerpunkt im Bereich Immobilienrecht, den sie in Richtung Gesellschaftsrecht und Steuerberatung einschließlich Buchführung ausgeweitet haben: Schon die Rechtsform zeige Mandanten, daß man sich in gesellschaftsrechtlichen Fragen auskenne. Praxisnahe Beratungsqualität wollen beide in ihrer Arbeit gewährleisten, um ihre Mandanten mit Immobilienvermögen in teilweiser zweistelliger Millionenhöhe rundum zufriedenzustellen.

Daß in dieser Gründungsphase und kurz vor der Einweihung der neuen Büroräume am Stadtwald erst einmal wenig Zeit für Privates bleibt, versteht sich von selbst. Ulrike Rodenbusch, noch ledig, hat ihren früher gerne betriebenen Sport aufgegeben und beschränkt sich heute darauf, für Freunde groß zu kochen. Sebastian Korts, mit einer Rechtsreferendarin derzeit noch kinderlos verheiratet, kann sich maritime Wünsche auch nicht mehr wie zu Studienzeiten erfüllen.

Der Eindruck des unbefangenen Interview-Partners: Angesichts der Rührigkeit und publikumswirksamen Selbstdarstellung dürfte sich dies bei kräftig zunehmendem Geschäft auch in absehbarer Zeit nicht ändern. *hjb*

Herbert Rosendorfer

Zugegeben: Es gibt ihn. Jawohl, es gibt den Juristen aus Passion, der nicht zumindest teilweise aus Gründen des Broterwerbs ackert. Tritt er uns als vermögender Anwalt entgegen, stellen wir freilich oft fest, daß er nur wenige auserwählte Mandanten betreut. Fun-Mandate also, die Steuerjuristen sofort an den gefürchteten Begriff der Liebhaberei denken lassen. In der Richterschaft scheint dieses Phänomen seltener aufzutreten.

Aber hier haben wir ihn nun wirklich, den Freiwilligen: Prof. Herbert Rosendorfer, jahrzehntelang Amtsrichter in München und jetzt am neugegründeten OLG Naumburg. Und zugleich einer der erfolgreichsten deutschen Schriftsteller der Nachkriegszeit, der von den Tantiemen seiner rund dreißig Bücher problemlos komfortabel leben könnte.

Südländer aus Bayern

Am 19. Februar 1934 wurde er in Bozen geboren, zog aber noch vor der Einschulung mit den Eltern nach München um. Bis vor einem Jahr ließ ihn die bayerische Metropole auch nicht mehr los. Nach dem Gymnasium ab 1954 Studium der Rechtswissenschaften, 1959 das erste Examen. Große juristische Staatsprüfung 1963, dann kurze Mitarbeit in einer Anwaltskanzlei und Tätigkeit als Sekretär der Südosteuropa-Gesellschaft. Ende 1965 zog es ihn dann als Assessor in die Justiz. Eine Entscheidung, die ihm trotz damals nur gering ausgeprägter Leidenschaft für die Juristerei leichtfiel – und die er bis heute auch nicht bereut hat. Zu diesem Zeitpunkt nämlich hatte er einen Ausflug ins Künstlerleben bereits abgeschlossen, ein Studium der Bühnenbildnerei an der Akademie der bildenden Künste nach wenigen Monaten abgebrochen. Es folgt ein Vierteljahrhundert als Amtsrichter und Schriftsteller – eine Kombination, mit der sich Juristenkollegen gelegentlich ebenso schwer tun wie professionelle Theaterkritiker: Neben einer Vielzahl von Romanen und Erzählungen schreibt Rosendorfer Theaterstücke, Hörspiele, sogar Tatort-Folgen für das Fernsehen.

Zwei Welten

Gibt es Verbindungslinien, haben der Schriftsteller und der Richter Gemeinsamkeiten? Befruchten sie sich oder arbeiten sie – gewissermaßen persönlichkeitsgespalten – nebeneinander? Nur eines seiner Bücher hat im Titel andeutungsweise etwas mit Paragraphenwissen zu tun (Ballmanns Leiden, oder: Lehrbuch des Konkursrechts). Der Rest ist von hoher Eigenständigkeit, wirkt nicht wie das Verarbeiten der morgendlichen Sitzung am heimischen Schreibtisch. Rosendorfer sieht die Literatur als Tribunal, bei dem er als Schriftsteller die Gesellschaft vor die Schranken des eigenen, ganz privaten Gerichts bringen kann: „Literatur ist eine Art Berufungsinstanz des Lebens."

Und wie erklärt man MDR-Lesern, die noch nie einen Rosendorfer zur Hand genommen haben, was für eine Literatur das ist? Lassen wir die Fachleute sprechen: Die Stilrichtung des phantastischen Realismus, meint Prof. Dr. Franz Richter, sei es nicht so ganz klar: „Rosendorfers Phantasie entlädt sich in literarischen Gewittern, die dem Leser schwierige und ungern wahrgenommene Fakten blitzartig erleuchten und einhämmern." Robert Neumann bezeichnet ihn als scharfsichtigen Realisten in Personalunion mit einem grellen Phantasten, Rainer Stephan von der Süddeutschen Zeitung in aller Freundlichkeit als „Anarchisten in der Maske des Biedermanns". Und nach der Veröffentlichung seines großen ersten Romans „Der Ruinenbaumeister" nannte ihn Martin Gregor-Dellin in einem Atemzug mit Jean Paul und E.T.A. Hoffmann.

Verbunden wird Literatur mit der Leidenschaft für Geschichte in Rosendorfers Professur für bayerische Literaturgeschichte. Seit Mitte der achtziger Jahre hatte er einen Lehrauftrag der Universität München, 1990 wurde er zum Honorarprofessor auf Lebenszeit ernannt. Natürlich darf sich ein Schriftsteller, der sich wahrlich nicht nur dilettierend mit der Literatur befaßt, mit Fug und Recht darüber wundern, wenn in Frankreich, in Italien, sogar in Polen Dissertationen über ihn als Schriftsteller verfaßt werden – der wissenschaftliche und professionelle Literaturbetrieb in Deutschland ihn aber fälschlicherweise in die Unterhaltungssparte einordnet. Wer des Professors feinsinnige Anmerkungen hierzu kennenlernen möchte, dem sei die Lektüre des neuen Buchs („Ein Liebhaber ungerader Zahlen – eine Zeitspanne") empfohlen, das der MDR-Redaktion freundlicherweise vom Verlag Kiepenheuer & Witsch vor dem Druck zur Verfügung gestellt wurde.

Der Auflagenmillionär

Zwischen Geradlinigkeit und liebenswerter Marotte tritt uns Richter Rosendorfer – 3 Kinder, 2 Enkel – selbst als Mitspieler im Literaturbetrieb entgegen: Als sein Verlag Nymphenburger den Franz Schönhuber ins Programm nimmt, wechselt er sofort zur Konkurrenz; nach einigen Verstümmelungen bei TV-Manuskripten („Der größte Teil der Fernsehregisseure besteht aus Verbrechern und Flaschen") verweigert er sich diesem Medium vorerst; sein Lektorat muß sich an sprachliche Besonderheiten wie die gewöhnen, daß „Auto" auch im Plural und im Genitiv stets ohne s geschrieben wird; und schließlich und endlich hat der Grappa-und-Zigarren-Liebhaber („no sports") weder Computer noch Schreibmaschine: Alle Manuskripte werden in einer Handschrift verfaßt, die man in freundlicher Formulierung als individuell ausgeprägt bezeichnen kann. Eine wahrlich selbständige bajuwarische Persönlichkeit also.

Das darf sich ein Autor mit einer insgesamt in die Millionen gehenden Auflage wohl auch leisten, war doch beispielsweise sein (unter Rosendorfer-Fans als Kultbuch gehandeltes) Bändchen „Briefe in die chinesische Vergangenheit" mehrfach das meistverkaufte dtv-Taschenbuch des Jahres, mit einer Gesamtauflage von über 800 000 Stück! Etwas rätselhaft daher Rosendorfers Bekenntnis, er schreibe nicht, um eine Botschaft zu vermitteln, er schreibe aber auch nicht zur Unterhaltung anderer Leute. Er schreibe vielmehr zu seiner eigenen Unterhaltung: „Es macht mir einfach Vergnügen." *hjb*

Hans Sachs

Erstmals erscheint diese Rubrik als Nachruf: Einer der in der Bevölkerung beliebtesten Juristen, Fernseh-Ratefuchs Hans Sachs, ist tot. Am 20. Juni 1993 starb der Nürnberger Oberstaatsanwalt, der viele Jahre in der ARD-Sendereihe „Was bin ich?“ mitgewirkt hatte, im Alter von 81 Jahren an einer schweren Krankheit.

Sachs wurde in Aschaffenburg geboren, lebte aber seit dem Ende seines zweiten Lebensjahres in Nürnberg. Sein juristisches Wissen eignete er sich als Student in Königsberg, Hamburg und München an und begann die juristische Laufbahn wegen seiner Verfolgung im „Dritten Reich“ erst 1947. Ab 1970 leitete der Jurist die Staatsanwaltschaft beim Landgericht Nürnberg/Fürth. 1978 zeichnete der Jurist aber keine Anklageschriften mehr ab und trat in den Ruhestand.

Wider den tierischen Ernst

1953 wurde Hans Sachs für die gereimte Ablehnung der Übernahme eines Ermittlungsverfahrens mit dem Orden „Wider dem tierischen Ernst“ ausgezeichnet. Wenn der Mann mit Fliege und Schnauzbart zum umständlichen „Gehe ich recht in der Annahme, daß ...“ ansetzte, wurde es bei Robert Lembkes „heiterem Berufe-Raten“ ernst: Sachs konnte auch als TV-Star seine Profession nicht verleugnen. „Er war beim Fragen der Gründlichste und Ehrgeizigste von uns", erinnert sich seine Kollegin Marianne Koch aus dem Rateteam. In mehr als 400 Sendungen von 1955 bis 1989 hat der Jurist die Kandidaten (immer freundlich lächelnd) in die Zange genommen. Sachs hatte mit seinem Jugendfreund Robert Lembke eine „Bude" geteilt und wurde von ihm als Mann der ersten Stunde zum Fernsehen geholt. Noch an seinem 80. Geburtstag schwärmte er von der „Konzentration und Präzision", mit der das Quiz ohne Probeläufe live über die Bühne ging.

Trotz seiner Scheidung nach 30 Jahren Ehe war Hans Sachs in seinen letzten Jahren alles andere als vereinsamt. Beim Weißen Ring setzte er seine – wie er spöttisch sagte – „TV-Publicity" zur Hilfe für Verbrechensopfer ein. Die Nürnberger Wohnung teilte er mit seinem Hund „Ducki". Die Pensionierung 1978 führte ihn also direkt in den „Unruhestand", wie er das nannte. Öffentliche Auftritte gehörten ebenso dazu wie lustvolle Streitgespräche mit Prominenten und Passanten, die Sachs bis zuletzt als Ratefuchs ansprachen.

Trauer bei Justiz und Fernsehen

Nicht nur Mit-Raterin Marianne Koch hat der Tod des einstigen Kollegen traurig gemacht, auch bei der Nürnberger Justiz herrscht Betroffenheit. „Hans Sachs hat das Bild des Staatsanwalts in der Öffentlichkeit vom Sockel geholt und mit menschlichen Zügen versehen", sagt der heutige Leitende Oberstaatsanwalt Heinz Stöckl. Nie werde er vergessen, wie der begeisterte Motorsportler noch in den 70er Jahren mit der Beiwagenmaschine zu Gerichtsterminen angebraust kam: „Sachs war überall in der Republik als der Staatsanwalt bekannt". Bei aller Popularität sei er ein „kantiger Behördenleiter" gewesen, erinnert sich sein Nachfolger Stöckl. Der Sohn eines Juristen mußte bereits in seiner Jugend zweimal die Schule verlassen, weil er mit fast sturem Gerechtigkeitssinn aneckte. Erst nach der Nazizeit konnte er nach zehnjähriger Wartezeit die juristische Laufbahn beginnen und bekam bald von einem bayerischen Justizminister bescheinigt, er sei „keineswegs ein bequemer Mann".

Das präzise Fragen und Herausfinden, das Sachs Zeit seines Lebens sowohl an seinem Beruf als Staatsanwalt als auch an seiner TV-Rolle begeistert hat, scheint in der Familie zu liegen: Sohn Christian tritt in die Fußstapfen des Vaters und stand bei dessen Tod vor dem Zweiten Juristischen Staatsexamen. *dpa*

Günther Schardey

Keine Frage, wir leben in spannenden Zeiten des politischen Wandels: erst die Vereinigung Deutschlands, jetzt der Europäische Binnenmarkt. Entwicklungen, die auch zu einschneidenden rechtlichen Änderungen führen. Gerade an den Berufsstand des Rechtsanwalts stellt diese historisch bedeutende Phase erhöhte Anforderungen. Sein Sprachrohr bei der Bewältigung berufsspezifischer Probleme ist der Deutsche Anwalt Verein (DAV). Repräsentant dieses freiwilligen Zusammenschlusses deutscher Rechtsanwälte ist seit 1991 Dr. Günther Schardey, der erste DAV-Präsident nach der Deutschen Einheit. Er vertritt heute die Interessen von 37 000 DAV-Mitgliedern, mehr als der Hälfte der 65 000 zugelassenen deutschen Anwälte.

Der Aufbau der Rechtspflege in den neuen Ländern, die Entwicklung des neuen Berufsrechts und die Verbesserung der Juristenausbildung (insbesondere der anwaltlichen Ausbildung) sind seither vorrangige Themen seiner Arbeit. Auch die Ausweitung der Tätigkeitsfelder freier Rechtsanwälte und das Zurückdrängen der nichtanwaltlichen Konkurrenz gehören derzeit schwerpunktmäßig zu seinem Arbeitsbereich.

Zum einen müssen Anwälte sich verstärkt gegen die immer stärker werdende Konkurrenz aus anderen Mitgliedstaaten behaupten, gegen große internationale Kanzleien, die längst die Bundesrepublik als lukratives Betätigungsfeld entdeckt haben. Zum anderen müssen sie bestrebt sein, nicht weiter Terrain an Wirtschaftsprüfungsbüros und Unternehmensberater zu verlieren, die zunehmend Rechtsrat erteilen, ofmals am Rande der Legalität.

Keine leichten Zeiten

Es waren also schwierige Aufgaben, denen Günther Schardey am Tag seines Amtsantritts entgegensah. Beim 46. Deutschen Anwaltstag in Düsseldorf, dem ersten gesamtdeutschen, wurde der Jurist aus Moers (Jahrgang 1929) einstimmig zum Nachfolger des Münchener Rechtsanwalts Erhard Senninger in sein neues Amt gewählt. „Hier der kettenrauchende, stets unüberhörbar bajuwarisch eingefärbt formulierende Münchener mit beachtlichem Erregungspotential, da Günther Schardey, schlank, schmale Lippen, sehr kontrolliert, präzise Diktion im Kammerton ..." beschreibt damals die Welt den Wechsel an der DAV-Spitze.

Schardey hat sich im Laufe von Jahren ehrenamtlicher Tätigkeit auf die exponierte Führungsrolle als „Wahrer anwaltlicher Interessen" vorbereitet: Seit 1970 war er Vorstandsmitglied des Moerser Anwaltvereins und der Rechtsanwaltskammer Düsseldorf, seit 1971 im Präsidium der Kammer Düsseldorf, von 1975 bis 1991 ihr Vizepräsident. Auch mit der Arbeit des DAV hatte er sich bestens vertraut gemacht: Seit 1979 im DAV-Vorstand, von 1983 an Schatzmeister im DAV-Präsidium.

Naturfreund und Jäger

Man könnte meinen, daß dem zeitlich stark eingespannten DAV-Präsidenten Schardey nicht mehr viel Raum für weiteres berufliches Engagement bleibt. Jedoch hat er seine Tätigkeit in der eigenen Sozietät, abseits der Metropolen am ländlichen Niederrhein, nie eingestellt. Schwerpunkt seiner anwaltlichen Arbeit ist, soweit er Zeit findet, die gesellschafts- und wirtschaftsrechtliche Beratungstätigkeit. Vielleicht war es ein „konservativer Grundzug", der ihn nach Studienjahren in Frankfurt, Heidelberg und Bonn (1950 - 1954) in seine Heimatstadt zurückkehren ließ, um sich dort als junger Rechtsanwalt niederzulassen. Sicherlich spielte aber seine ausgeprägte Liebe zur Natur eine entscheidende Rolle. Der Vater von vier (heute erwachsenen) Kindern fühlt sich als Landmensch, nicht als Städter. Was Wunder, betrieben doch seine Vorfahren seit mehr als dreihundert Jahren Landwirtschaft. Mit der ganzen Familie geht Schardey seiner Leidenschaft nach, der Jagd. *jn*

Nachfolger von Schardey ist Felix Busse, der auf Seite 39 noch als Sekretär des Juristentags porträtiert ist.

Hans Martin Schmidt

Kommt man heute in das Hauptgebäude des Verlags, in dem diese Zeitschrift erscheint, blickt der Gründer von einem – wie seinerzeit üblich – würdig-dunklen Ölgemälde herab. Vielleicht aber schaut Dr. Otto Schmidt auch nur deswegen so finster drein, weil er kein Aufheben um seine Person mochte und die unumgängliche Prozedur des Modellsitzens nur ungern und unter leisem Protest über sich ergehen ließ.

Sein Enkel – er interessiert sich auch für Fragen aus dem Bereich Psychologie und Evolution – mag nun selbst prüfen, ob das erblich ist. Jedenfalls mag auch Dr. Hans Martin Schmidt keinerlei Personenkult, so daß dieses kleine Porträt zum 65. Geburtstag (und damit zum Ende der Tätigkeit als Verleger) 1994 ohne sein Zutun erscheint, vielleicht sogar gegen seinen Wunsch. Aber wenn eine in der Branche und bei den Autoren so angesehene Persönlichkeit in den Ruhestand geht, soll das nicht ohne Echo bleiben.

Ein Familienunternehmen

Der Anfang des Jahrhunderts aus der noch heute bestehenden „Centrale für GmbH" als Interessenvertretung für diese Rechtsform hervorgegangene Verlag war und ist ein Familienunternehmen: Nach dem 1945 verstorbenen Gründer leitete dessen Sohn Otto jun. den Verlag, ging dann aber in die Politik und vertraute das Unternehmen Dr. Helmut Simons an, der es bis zur Übernahme der Geschäftsführung durch Hans Martin Schmidt (Hauskürzel „Hs“) lange leitete.

Spezialgebiet Steuerrecht

Aber damit sind wir schon zu weit. Geboren wurde Schmidt am 4. August 1929 im väterlichen Pfarrhaus zu Elberfeld. Nach der Schulzeit entschied er sich für die Rechtswissenschaft und studierte in Mainz, Freiburg und Köln. Schon als Referendar lernt er dann 1955 den Verlag als Volontär kennen und kam täglich nachmittags nach dem Dienst ins Haus. Er schreibt dann eine Dissertation im Steuerrecht, angesichts des Verlagsprogramms sicher eine weise Entscheidung. Doktorvater ist der berühmte Spitaler am damals einzigen deutschen Lehrstuhl für Steuerrecht. Inzwischen läuft nämlich alles auf die spätere Mitarbeit im Familienunternehmen hinaus, es folgt die gezielte Vorbereitung in einer Anwaltskanzlei, bei einer Treuhandgesellschaft sowie in einer Buchhandlung und einem fremden Verlag. Praxiswissen also.

Das erste Projekt

Dann kommt das wichtige Jahr 1958: Der Verlag bezieht das Gebäude im schönen Kölner Stadtteil Marienburg, wo er noch heute residiert. Und am 2. Januar tritt Hans Martin Schmidt als Lektor in das Unternehmen ein. Seine erste große Idee, die in die Tat umgesetzt wird, ist ein neuer, kompakter Kommentar zur Abgabenordnung. Die Autoren des heute unverzichtbaren Werks: ein junger, gänzlich unbekannter Finanzbeamter namens Tipke, ein noch jüngerer Referendar namens Kruse. Beide heute nicht nur wegen des AO-Standardwerks „Tipke/Kruse“ berühmt, sondern als große Kenner des Steuerrechts ausgewiesen. Hier zeigt sich erstmals die seitdem beständig bewiesene Kunst des neuen Mitarbeiters, gute Autoren zu suchen, zu erkennen – und sie dann so zu behandeln, daß sie dem Verlag oft über viele Jahrzehnte die Treue halten.

Aber bevor der Einfluß auf die Unternehmenspolitik institutionalisiert wird, stehen noch 15 „Lehrjahre“ an. Obwohl zum Jahreswechsel 1963/64 mit Prokura ausgestattet und als Gesellschafter beteiligt, folgt der Gründerenkel erst Anfang der siebziger Jahre dem familienfremden

Geschäftsführer Dr. Simons im Amt nach. In dieser Zeit fallen rasch bedeutende Entscheidungen: Die MDR wird von einem anderen Verlag übernommen und der ZPO-Kommentar von Zöller erworben und zum heute führenden Werk ausgebaut. Hinzu kommen Handbücher für das Recht der GmbH, der AG und der Personengesellschaften, außerdem Rechts- und Prozeßformularbücher. Überhaupt erweitert Hans Martin Schmidt – trotz noch immer deutlicher Schwerpunkte im Steuer- und Wirtschaftsrecht – das Verlagsprogramm in die wichtigen Bereiche Mietrecht (Sternel), Baurecht, Familienrecht und Kostenrecht (Schneider).

Die Expansion

Dem thematischen Ausbau folgt der unternehmerische, nämlich Kauf oder Beteiligung an anderen Verlagen und juristischen Fachbuchhandlungen (Sack, Struppe & Winckler), Computer und Recht in München, Kommunikationsforum Recht, Wirtschaft, Steuern (RWS) in Köln, Anwalt-Such-Service, Fackler-Anwaltsverzeichnis, Gieseking. Aus dem Verlagsgebäude „Unter den Ulmen“ ist eine ganze Ansammlung mit einem Anbau und zwei weiteren Häusern in unmittelbarer Entfernung geworden.

Das Haus ist bestellt, mit dem früheren DAV-Hauptgeschäftsführer Karl-Peter Winters ein Nachfolger gefunden und in die Geheimnisse der Verlegerarbeit eingeweiht. Was kann man mehr tun, als zum Geburtstag zu gratulieren und dem Jubilar für den wohl nicht sehr ruhigen Ruhestand viel Glück zu wünschen. *hjb*

Helga Seibert

Die heutige Bundesverfassungsrichterin Helga Seibert (Jahrgang 1939) träumt von einer internationalen Karriere, als sie 1958 ihre Ausbildung mit einem Studium an der renommierten Auslands- und Dolmetscherschule in Germersheim beginnt. Aber nach vier Semestern wechselt sie zum Jurastudium nach Marburg und Berlin, legt jedoch danach noch die Prüfung als Auslandskorrespondentin ab.

Polyglott und Politik

Im Anschluß an ihr Referendarexamen nutzt die Lehrerstochter aus dem nordhessischen Witzenhausen auch ihre erworbenen Sprachkenntnisse und geht erst an das Bologna Center der Johns Hopkins University in Italien und anschließend zum Studium nach Amerika an die Yale Law School. 1967 wird sie Rechtsreferendarin, bereits mit dem Titel LL.M. geschmückt. Bis zu ihrem Assessorexamen im Oktober 1970 arbeitet sie zugleich am Institut für Öffentliches Recht in Marburg.

Ihren Traum von einer internationalen Tätigkeit revidiert Helga Seibert, als sie (auf Empfehlung ihres Marburger Universitätslehrers Peter Häberle) Referentin beim Arbeitskreis Rechtswesen der SPD-Bundestagsfraktion wird. Die Sozialdemokratin ist wissenschaftliche Mitarbeiterin des stellvertretenden Fraktionsvorsitzenden Martin Hirsch, vorwiegend befaßt mit der Familienrechtsreform. Später holt Hirsch, der 1971 Bundesverfassungsrichter wird, sie für zwei Jahre nach Karlsruhe.

Danach arbeitet Helga Seibert im Bundesjustizministerium, vor allem auf den Gebieten Verfassungsrecht und EG-Recht. Sieben Jahre leitet die spätere Ministerialrätin das Grundrechtsreferat und sammelt verfassungsrechtliche Erfahrungen, ehe sie im November 1989 nach Karlsruhe zurückkehrt. Dort wird sie Nachfolgerin von Verfassungsrichterin Gisela Niemeyer im 1. Senat, zuständig für den Bereich Familienrecht, mit dem sie seit den Anfängen der Reform vertraut ist.

Respektierte „Quotenfrau"

Anläßlich ihres Wechsels vom Justizministerium zum Bundesverfassungsgericht betont der damalige Justizminister Engelhard ausdrücklich ihre herausragenden verfassungsrechtlichen Kenntnisse und ihre „verfassungsrechtliche Ehrlichkeit und Objektivität".

Hierin liegt wohl auch einer der entscheidenden Gründe für ihre Wahl zur Verfassungsrichterin, „der hier und da vorgehalten wird, sie habe richterliche Erfahrungen nur in dem bescheidenen Sinne ihrer Referendarstationen" gewonnen (FAZ). Schnell kann sich die „Quotenfrau" als präzise argumentierende Ausnahmejuristin Respekt verschaffen. *jn*

Helmut Thoma

Weißt du, Bub', meinte die Mutter, du solltest etwas Ordentliches lernen. Und in der Molkerei, das ist was Nahrhaftes. Der kleine Helmut war fügsam und stand fortan als Lehrling mit Hauptschulabschluß in einem Wiener Milchbetrieb in Holzpantinen am Butterfaß. Derselbe Dr. jur. Helmut Thoma ist heute Chef des deutschen Medienriesen RTL Television, Umsatz 2,8 Milliarden Mark mit nur 750 Mitarbeitern (beim vergleichbaren ZDF, auch ohne Radio und mit wenig Regionalprogramm, schaffen über 4100 Leuten nicht soviel). Eine schon fast amerikanische Karriere – vom Quarkrührer zum Marktführer.

Benjamin aus Wien

Jedenfalls war die Molkerei auch mit Gesellenbrief nicht der Platz, an dem Helmut Thoma den Rest seines Berufslebens verbringen wollte. Also Abendgymnasium, Matura nach nur anderthalb Jahren, schnelles Jurastudium in Wien. Trotz Nebenjob bei einer Versicherung beste Resultate und – nach für ihn wichtigen Studien der Nationalökonomie – mit nur 23 Jahren promovierter Jurist! Thoma, geboren am 3. Mai 1939, begibt sich auf seinen beruflichen Weg: Einem Jahr Gerichtspraxis (die seinerzeitige und vielleicht nachahmenswert kurze Referendarausbildung in der Alpenrepublik) folgen drei Jahre Anwaltspraxis. Wer in Österreich als Jurist mitreden will, benötigt nämlich nicht eine „Befähigung zum Richteramt", sondern die allein wesentliche Anwaltsprüfung, ohne die man nichts wird an der schönen blauen Donau. Als sein zweiter Ausbilder, der unter anderem Presseunternehmen und die Wiener Philharmoniker vertritt, im Skiurlaub ist, bricht ein Politikerskandal über das Land herein – und Jungjurist Thoma sitzt allein bei den großen Mandanten.

Das reizt ihn, die dritte Stage beim ORF-Sender abzuleisten, wo er dann hängenbleibt und in die Rechtsabteilung eintritt. 1966 ist das, und schon zwei Jahre später wird er (mit Alter 29!) Europas jüngster Justitiar, arbeitet mit den Größen der ARD zusammen und wundert sich über den Behördencharakter der deutschen Sender: „Bei uns war auch alles sehr staatlich, aber nicht so amtlich, sondern eher wie bei einem verstaatlichten Privatunternehmen."

Auf nach Deutschland

Die Kollegen von damals sind heute zum Teil die Intendanten der öffentlich-rechtlichen Konkurrenz, über die („TV-Beamte") Thoma gerne spöttelt: „Wenn man das Personal des ZDF übernehmen müßte, wäre das der direkte Gang zum Konkursrichter."

Aber als er sich entschied, sein Glück in Deutschland zu suchen, war da von Privatfernsehen noch keine Rede. Also geht der Weg erst über RTL Radio in Luxemburg nach Köln, wo er vor 10 Jahren mit 25 Mitarbeitern Fernsehen macht. „Gründerzeiten waren das damals", erinnert er sich und gibt zu: „Mit unserem Mini-Etat haben wir seinerzeit Spielfilmchen gesendet, die vor uns zu Recht niemand gezeigt hat." Heute leistet RTL ein Vollprogramm und bietet als einziger Privatsender der heimlich entstehenden TV-Großmacht des Kirch-Familienimperiums (Sat1, Pro7, DSF, Kabelkanal, Spielfilm-Beinahe-Monopol) noch Paroli. Das aus ORF-Zeiten stammende Interesse an internationalen Urheberrechten hat Helmut Thoma daher bis heute nicht losgelassen.

Mehr Öffentlichkeit im Gericht

Aber auch sonst liefern seine juristischen Wurzeln noch immer mehr Saft als bei manch anderem Wirtschaftsboss mit Rechtsabschluß: „Ich bin klar für eine TV-Berichterstattung aus Gerichtssälen", bezieht Thoma zu einem aktuellen Thema Stellung. Seine Begründung: „Die Juristerei ist in Deutschland viel zu abgehoben für den durchschnittlichen Bürger. Hier könnte mehr Berichterstattung der Medien zu einem ähnlich entspannten Verhältnis führen wie in den USA." Eigene Interessen verfolgt Thoma damit nicht: „Wenn man meint, die Privaten würden dann die Justiz zu sehr kommerzialisieren, soll man eben den öffentlich-rechtlichen Anstalten das Monopol für solche Aufnahmen übertragen!" Jedenfalls könne man verzerrender Berichterstattung durch Boulevardzeitungen am besten begegnen, indem man dem Publikum das Original zeige.

Abgetaucht

Viel Freizeit hat der Mann natürlich nicht. Thoma stöbert gerne in Antiquitätengeschäften: „Hier finde ich dann oft etwas für meine große Buddha-Sammlung, deretwegen mich manche Journalisten schon als Buddhisten outen wollten." Sofern nicht schon der „allmorgendliche Adrenalinstoß" der Einschaltquoten jung hält (die Zahl der Zuschauer unter 50 ist wegen der Werbung dabei die wichtigere), taucht Thoma im Urlaub gerne ab – seit vielen Jahren ist der Unterwassersport mit Sauerstoffbehälter sein liebstes Hobby. Zwischen Haien und Rochen in der Südsee, auf den Malediven oder vor Australiens Küste entspannt er sich. Sonst freilich hält Thoma sich stets erreichbar: „Ich muß doch wissen, was im Sender los ist!" *hjb*

Susanne Tiemann

Am Gymnasium der Englischen Fräulein in Regensburg hat sie 1966 ihr Abitur abgelegt. Aber lassen Sie sich von dieser feinen Herkunft nicht täuschen – wenn Rechtsanwältin Dr. Susanne Tiemann als Präsidentin des Bundes der Steuerzahler das Wort ergreift, geht es gar nicht zimperlich zu: Da wettert sie über ein öffentliches „Luxusklo“ mit elektronischer Wassersteuerung und dezenter Musikberieselung, das sich die Stadtverwaltung von Dippoldiswalde in Sachsen (6 000 Einwohner) leisten mußte. Da brandmarkt sie die öffentliche Verschwendung von Steuergeldern als „Behördenalltag“, wo andere noch vorsichtig von Entgleisungen und schwarzen Schafen reden.

Aus bayerischer Idylle

Wie kam die Klartext-Juristin in ihre Position? Geboren am 20. April 1947 im bayerischen Flecken Schwandorf wächst sie als behütete Tochter eines Forstbeamten erst einmal in der Sorte süddeutscher Idylle auf, wo Kritik an der Obrigkeit nicht durchweg zum guten Ton gehört. Das ändert sich schon mit ihrem Studium der Rechtswissenschaften in München, das sie – nach dem Referendardienst im selben OLG-Bezirk – mit einer Dissertation krönt, die heute als Standardwerk gilt. „Die staatsrechtliche Stellung der Finanzkontrolle des Bundes“ lautet das von Professor Dr. Hans Zacher betreute Thema, eine Wahl, die beinahe so klingt, als habe sie schon damals ihr soeben angetretenes Amt im Blick gehabt.

Zunächst jedoch eröffnet sie 1975 mit ihrem Ehemann, den sie 1969 ein Jahr vor der 1. Juristischen Staatsprüfung heiratet, eine gemeinsame Anwaltskanzlei. Lange hält es sie aber nicht mehr in München, denn 1979 tritt Dr. jur. Burkhard Tiemann seinen Posten als Hauptgeschäftsführer der Kassenzahnärztlichen Bundesvereinigung an – im fernen Köln. Die Trennung gefiel weder ihr noch den drei Kindern. Und so überschreitet sie 1980 den berühmten innerdeutschen Äquator und verlegt ihre Kanzlei an den Rhein.

Rasch lernt man ihre Spezialkenntnisse im Bereich der Freien Berufe kennen. Besonders bei den Heilberufen und im dort wichtigen Sozialrecht gelingt ihr ein schneller Aufstieg: Seit dem Wintersemester 1986/87 hat sie einen Lehrauftrag der juristischen Fakultät der Universität Bonn über Krankenversicherungsrecht, Sozialversicherungsrecht und – ab 1991 – auch über Europäisches Sozialversicherungsrecht. In diese Zeit fällt auch der Erwerb des Fachanwalts für Sozialrecht. Ebenfalls Ende der 80er Jahre wird sie auf Vorschlag der BRAK in das Präsidium des Bundesverbandes der Freien Berufe gewählt.

Polyglotte Familie

Nicht nur ihre Kinder, die in einer zweisprachigen Schule deutsch und französisch unterrichtet werden, geben sich international. Auch Susanne Tiemann engagiert sich auf EG-Ebene: Im Wirtschafts- und Sozialausschuß der Europäischen Gemeinschaften vertritt sie die Interessen der deutschen Freiberufler, 1989 wählt man sie sogar zur Präsidentin von SEPLIS, dem europäischen Dachverband in Brüssel. (Als im Mai 1992 die Neuwahl anstand, änderte die Generalversammlung von SEPLIS eigens die Satzung, um der Präsidentin eine Kandidatur für weitere 3 Jahre zu ermöglichen.Gewählt wurde die streitbare Juristin ohne jede Gegenstimme.)

Seit September kümmert sie sich nun als Präsidentin des Bundes der Steuerzahler darum, daß mit unser aller Geld möglichst wenig Schindluder getrieben wird. Von der Einstandsparty für 40 000 Mark für zwei neue Direktoren der Lottogesellschaft in Hannover bis zum Chefarzt eines Krankenhauses in Lüneburg, der bis zur Rente rund 7 Millionen kassieren soll, weil ihm eine Abteilung trotz voraussehbarer Schliessung übertragen wurde, von all den kleinen Mogeleien bis zu kriminellen Mauschelgeschäften geht ihre Organisation im sogenannten Schwarzbuch der Verschwendung von Steuergeldern nach. Wer gelegentlich einen Blick in unsere Rubrik „Auch das noch" im MDR-Report wirft, weiß um den detektivischen Spürsinn, mit dem die über 340 000 Mitglieder zählende Organisation unserem öffentlichen Dienst auf die Finger schaut – und regelmäßig auch klopft.

Gegen Bürokratie und Verschwendung

Das Zurückschrauben staatlicher Aufgaben (und damit Ausgaben) hat sich die neue Präsidentin auf ihre Fahnen geschrieben. Vor allem wegen der zu erwartenden neuen Belastungen durch EG-Bürokratie sowie durch Steuern und Abgaben, die jetzt auch aus Brüssel zu erwarten stehen.

Gefragt, ob der regelmäßige Hinweis auf zu hohe Belastungen und Geldverschwendung beim Bürger nicht auch zur Politikverdrossenheit beitragen kann, antwortet Susanne Tiemann in einem Interview: „Um Gottes willen. Im Gegenteil. Die Politikverdrossenheit kommt vom Ohnmachtsgefühl des Bürgers, und genau dieses wollen wir ihm ja nehmen. Er hat uns, seine starke Interessenvertretung. Wir sind konstruktiv und nicht destruktiv."

Da kann man dem sechsten Präsidenten (Frau Tiemann benutzt in ihrem Lebenslauf stets „Präsident" – „Vorsitzender" – keine weibliche Version!), der ersten Frau in der 43 Jahre alten Geschichte des Steuerzahlerbundes, nur viel Glück und Petri Heil wünschen, wenn sie in den trüben Gewässern unserer öffentlichen Haushalte nach kleinen Fischen und nach großen Hechten angelt. *hjb*

Nachtrag: Inzwischen ist Frau Tiemann Bundestagsabgeordnete, sitzt im Haushaltsausschuß und arbeitet weiterhin als Rechtsanwältin.

Wilhelm Uhlenbruck

Mit seinem Namen verbindet man spektakuläre Insolvenzfälle wie den Vergleich der Herstatt-Bank. Dr. Wilhelm Uhlenbruck, seit 1986 Honorarprofessor an der Universität Köln, ist einer der bekanntesten Amtsrichter Deutschlands und zuständig für Konkurs- und Vergleichsverfahren. Geboren 1930 in Köln, hat er den größten Teil seines Lebens in der rheinischen Metropole verbracht. Daher wohl sein fröhliches und humorvolles Naturell, das im Gespräch angenehm auffällt und ihn gar nicht in das Klischee des typischen Juristen passen läßt.

Dabei war seine Kriegsjugend nicht leicht. Er wurde ein Jahr lang von der Schule befreit, um Brandhilfe im zerstörten Köln zu leisten und Leichen beiseite zu räumen. Im März 1945 wurde er nach Remagen verschlagen und erwartete dort – bei den Kämpfen um die Brücke von Remagen – zusammen mit russischen und polnischen Fremdarbeitern in einem selbstgegrabenen Erdloch das Kriegsende.

Vom Kaufmann zum Juristen

Nachdem er 1951 die Reifeprüfung bestanden hatte, war er sich über seinen weiteren beruflichen Werdegang noch nicht im klaren: Er konnte sich zwischen den Studiengängen der Betriebswirtschaft und der

Rechtswissenschaft nicht entscheiden. Sein Vater, Professor der Medizin und Chefarzt eines Kölner Krankenhauses, riet ihm zur kaufmännischen Ausbildung, weil diese eher nützlich sein würde. Uhlenbruck beherzigte diesen Ratschlag und absolvierte zunächst eine dreijährige Lehre beim Braunkohle-Tagebauer Rhein-Braun. 1953 bestand er die Kaufmannsgehilfenprüfung. Erst danach entschloß er sich zum Jurastudium, verbrachte 3 Semester an der Universität München und kehrte dann nach Köln zurück, um hier sein Studium zu beenden, die Referendarzeit zu absolvieren und zu promovieren.

Nach dem Assessorexamen war Uhlenbruck zeitweilig bei den Landgerichten Bonn und Aachen tätig. 1966 wurde er zum Richter beim Amtsgericht Köln ernannt und war dort seit 1975 Abteilungsleiter. 25 Jahre lang bearbeitete er hier Konkurs- und Vergleichsfälle, wobei ihm seine kaufmännische Ausbildung natürlich sehr zugute kam.

Richter mit Milliarden-Risiko

Uhlenbruck hat in seiner Laufbahn als Insolvenzler eine große Zahl von teilweise aufsehenerregenden Konkursen und Vergleichen bearbeitet. Wird er auf das von ihm durchgeführte Herstatt-Verfahren angesprochen, erinnert er sich mit Unbehagen daran, daß er damals das gesamte Haftungsrisiko in Höhe von 1,2 Millarden DM auf seine eigene Kappe nehmen mußte, weil sich die Justiz geweigert hatte, das Haftungsrisiko zu übernehmen, für das er als Richter einzustehen hatte. Gefreut hat ihn, daß bis heute eine Quote von über 80 % erreicht worden ist.

Im Bereich des Insolvenzrechts ist Uhlenbruck nicht nur durch seine Insolvenzverfahren überregional zum Begriff geworden. Er hat zahlreiche Bücher und Aufsätze veröffentlicht, ist Mitherausgeber der Zeitschrift „Konkurs-, Treuhand- und Schiedsgerichtswesen". Bekannt und viel beachtet sind sein Kommentar zur Konkursordnung und das Handbuch der Rechtspraxis über Konkurs- und Vergleichsverfahren.

Seit 1968 ist Uhlenbruck auch Vorsitzender des Arbeitskreises für Insolvenz- und Schiedsgerichtswesen. 1978 wurde er vom Bundesjustizminister in die Reformkommission für Insolvenzrecht berufen, die 1985 und 1986 zwei große abschließende Berichte vorgelegt hat, welche Basis des Regierungsentwurfs zur Reform dieses Gesamtkomplexes sind. Seit 1991 war der gefragte Spezialist Vorsitzender des Abwicklungsbeirats in

Berlin, wo er die Treuhandanstalt bei der Liquidation und Entscheidung über die Gesamtvollstreckung bei Treuhandunternehmen beriet.

Fragt man ihn nach seiner Kritik am Regierungsentwurf zur Insolvenzordnung, dann äußert Uhlenbruck Zweifel an der Funktionsfähigkeit eines derart ausgefeilten und perfektionistischen Werks in der Praxis. Wie sich der Entwurf weitgehend von den Empfehlungen der Reformkommission entferne, zeige sich beispielhaft beim Insolvenzplanverfahren einschließlich des Abstimmungsverfahrens sowie bei der Regelung und Bewertung von Mobiliarsicherungsrechten: Hier sei alles überjustizialisiert und viel zu kompliziert.

Medizinmann Uhlenbruck

Uhlenbruck hat über den Krankenhausvertrag promoviert und ist heute Mitherausgeber der Zeitschrift „Medizinrecht“ und Mitverfasser eines Handbuchs für Arztrecht sowie Mitglied der Deutschen Gesellschaft für Medizinrecht. So hat er ein weithin beachtetes „Patiententestament“ entworfen, das den mutmaßlichen Willen des todgeweihten, nicht mehr ansprechbaren Patienten bezüglich seiner Sterbens- und Leidensverlängerung durch ärztliche Eingriffe regeln soll. In diesem Zusammenhang befürwortet er die Einführung des im amerikanischen Recht bekannten „attorney of health care“ für Entscheidungen des Patienten, wenn dieser zur Willensäußerung nicht mehr in der Lage ist.

Obwohl er ein vielbeschäftigter Mann ist, dessen Arbeitseinsatz auch am Wochenende wenig Raum für Freizeitgestaltung läßt, ist Uhlenbruck dennoch bestrebt, seine Hobbies nicht gänzlich aufzugeben. Der seit 1962 verheiratete Vater von drei erwachsenen Kindern – zwei von ihnen haben sich ebenfalls für die Juristerei entschieden – liest gerne und betätigt sich sportlich, indem er mehr oder weniger regelmäßig Tennis spielt und radfährt.

Ein Kuriosum am Rande: Uhlenbrucks Abteilung für Konkurs- und Vergleichsverfahren ist nicht im Amtsgerichtsgebäude, sondern beim OLG Köln beheimatet. Obwohl einsamer Amtsrichter unter vielen OLG-Richtern, verstand er sich mit seinen Kollegen vom Obergericht – vielleicht auch wegen seiner Reputation – ausgezeichnet: Niemand sieht auf den unterinstanzlichen Untermieter herab. *bf*

Nachtrag: Uhlenbruck ging Ende 1995 in den Ruhestand.

Alfred Ulrich

Als die Hauptversammlung der Bundesrechtsanwaltskammer im Oktober 1994 in Mönchengladbach zusammentrat, waren die regionalen Kammerfürsten des Berufsstands Gast der Kammer Düsseldorf. Für viele altgediente Präsidenten heißt das: Wir besuchen den Junior. Denn als Alfred Ulrich 1992 (nach einer knappen Stichwahl) die Führung der mit rund 5 000 Mitgliedern fünftgrößten Rechtsanwaltskammer übernahm, zählte er gerade mal 41 Lenze. Nicht eben das Alter, in dem man üblicherweise solche ehrenvollen Aufgaben übertragen bekommt.

1950 in Wuppertal geboren, dann aber in Hamburg aufgewachsen, kommt Ulrich kurz nach der Einschulung nach Düsseldorf, wo sein Vater in den Vorstand der Deutschen Bank berufen wurde. Ab 1961 besucht der Sohn hier ein altsprachliches Gymnasium, mit Latein und Griechisch bis zum Abitur. Nachteile für das unerläßliche Englisch gleicht Ulrich durch regelmäßige Sprachferien in England aus.

Politische Studentenzeit

Weniger konservativ nimmt sich dann das Jurastudium in Freiburg aus: In den ersten Semestern kümmerte sich Ulrich mehr um Hochschulpolitik als um Scheine. Ende der sechziger, Anfang der siebziger Jahre – das sind eben die Zeiten der Auseinandersetzungen in AStA und Studentenparlament, die durchdiskutierten Nächte und das heimliche Kleben von Plakaten. Ulrich steht dazu, verrät sogar, Plakate des politischen Gegners überklebt zu haben.

Damit war dann ab dem vierten Semester Schluß, der Wechsel zur Universität Hamburg bringt konsequentes Arbeiten und rasche Fortschritte. Hinzu kommen Ferienjobs bei Banken, in denen er am praktischen Beispiel viele Dinge lernt, die dem Studenten oft ein Buch mit sieben Siegeln bleiben – wie etwa Hypotheken, Wechsel oder Akkreditive. Es folgen der Repetitor und im Sommer 1974 die erste juristische Staatsprüfung.

Berufsstart und Kammer

Nach der Referendarzeit, unter anderem beim legendären Rechtsanwalt Max Kreifels, und der zweiten Prüfung in Düsseldorf wird Ulrich 1977 Anwalt – und heiratet erst einmal. Eine Tochter von 13 Jahren und zwei Söhne (5 und 15) kommen hinzu und halten den jungen Anwalt auch in der knappen Freizeit beschäftigt.

Die erste berufliche Station jedenfalls ist von Dauer, seit 15 Jahren arbeitet Ulrich in der siebenköpfigen Sozietät an der Kö, in die er damals eintrat. Die Spezialisierung ist nicht so extrem fortgeschritten wie in manchen Großkanzleien, aber innerhalb des Zivil- und Wirtschaftsrechts haben die Kollegen Schwerpunkte gebildet. Ulrich befaßt sich vorwiegend mit Handels- und Gesellschaftsrecht.

Seit acht Jahren im Vorstand der Kammer Düsseldorf, kommt für den 1990 gewählten Vizepräsidenten Ulrich dann die unerwartet große Stunde, als ein Kollege erreicht, daß die Vorstandswahlen annuliert werden und Vorgänger Lehne nicht mehr weitermachen will.

So erhält die Kammer den jüngsten Präsidenten Deutschlands. Kenner wundern sich nicht, war doch hier schon immer eine relativ fortschrittliche Gesinnung zu konstatieren – auch in berufspolitischen Fragen.

So stammt von hier der bei konservativeren Kammern als unerhört empfundene „Moerser Beschluß“ vom Mai 1989, der die erst kurz darauf vom BGH als zulässig anerkannte überörtliche Sozietät befürwortet. Die Aufhebung des Lokalisierungszwangs hatte man sich hier ebenfalls anders vorgestellt als im neuen Gesetz aus Bonn.

Auch die im Bundesvergleich sehr hohe Teilnehmerquote bei den Jahreshauptversammlungen steigert die Kammer Düsseldorf mit unkonventionellen Mitteln: ein ordentliches Buffet mit Getränken im örtlichen Industrieclub – alles gratis. Nur wenn es um überbordende Werbung geht, ist Alfred Ulrich mit seinem mittelständisch geprägten Präsidium vorsichtig, er will Interessengegensätze zwischen den kleinen und mittleren Kanzleien sowie den international geprägten Riesen in Grenzen halten.

Kartell soll bleiben

Und was hält der jugendliche Präsident von der einmaligen Einrichtung des Düsseldorfer Anwalts-Kartells? Er findet nichts dabei, wenn der örtliche Anwaltverein regelmäßig die Kollegen zum Sitzungsdienst einteilt.

Um der richterlichen Unsitte von Sammelterminen zu entgegnen, lassen sich die Anwälte dort nämlich nicht um 9 Uhr „auf Halde legen“, sondern lassen zwei Kollegen mit dicken Aktenstapeln auftreten, einer für alle Kläger dieses Termins, einer für alle Beklagten. Nur der nicht hier ausgebildete Jurist wundert sich über diese umstrittene Einrichtung. Ulrich dagegen kann sich kaum vorstellen, wie andernorts die Termine funktionieren.

hjb

Friedrich Graf v. Westphalen

Was mag der geneigte Leser dieser Rubrik von einem Grafen halten, einem Grafen von Westphalen, der jetzt in den (noch immer etwas fremden) Rheinlanden sitzt, als gewünschte Eigenschaft in Stellenanzeigen „Humor" fordert und den dann glücklich gefundenen Juristenkollegen in seiner erfolgreichen Anwaltskanzlei um spätestens 20 Uhr das Licht ausknipst?

Sehen wir uns diesen Kölner Rechtsanwalt Dr. Friedrich Graf von Westphalen also einmal genauer an. Denn sein Lebenslauf ist bei weitem nicht so traditionsgemäß, wie der Name es vermuten lassen könnte. (Die Familie, das sei fern der Regenbogenpresse kurz vermerkt, ist 1245 in Minden erstmals urkundlich belegt. Ein Teil der 1792 in den Grafenstand erhobenen Westphalens ging dann nach Böhmen, diesem später besitzlos gewordenen Zweig gehört der Rechtsanwalt an.)1940 in Aussig geboren, kam er nach dem Krieg, der Vater ist vermißt, in die Gegend von Paderborn, nach Fürstenberg zum Stammsitz der Familie.

Der Klosterschüler

Bei den Jesuiten machte er dann 1960 in Büren sein Abitur – und kann diese Prägung bis heute nicht verleugnen: „Ich habe bei meiner Literaturauswahl und in vielen Gesprächen eine große Vorliebe für theologische und philosophische Themen." Dennoch entschied er sich – wie so viele Leidensgenossen – für das sicherere Studium der Rechte, das er nach nur wenigen Semestern in den Universitätsstädten Münster, Heidelberg und Bonn/Köln 1964 überzeugend abschloß.

Dann aber packte ihn erstmal das Fernweh – und auch die Passion für's Schreiben brach heftig durch: 1965/66 studierte er zwar International Trade Law bei Kronstein in Washington D.C., aber zugleich wurde er in dieser Zeit USA-Korrespondent für den Rheinischen Merkur (damals noch ohne Christ und Welt) sowie für das Echo der Zeit (damals noch lebendig).

In den USA

„Irgendwann hatte ich denen einen kleinen Bericht geschrieben und unaufgefordert zugesandt", erinnert sich Westphalen, „und plötzlich stand ich nach einigen angeforderten Artikeln dort im Impressum." Politische Themen, Hintergrundberichte und andere Gedanken, in aller Regel ohne rechtlichen Bezug, veröffentlichte Westphalen in dieser Zeit.

Zurück in Deutschland. Bei Kegel, dem Doyen der Internationalrechtler, promovierte der Graf dann 1968 und schloß seine Ausbildung im Jahr darauf mit der zweiten juristischen Staatsprüfung ab: „Mit zwei Kindern im Examen, das war gar nicht so leicht."

Daß die Punktzahl den früheren Leistungen und seinem Wissen nicht voll entsprach, macht ihn heute bei der Suche nach Mitarbeitern vorsichtig: Ein Super-Prädikat allein macht noch kein anwaltliches Talent.

Ein Familienmensch

Waren es seinerzeit noch zwei Kinder, so sind es heute deren vier, sämtlich erwachsen und im Studium (übrigens so ziemlich alles außer Rechtswissenschaft). Der Familiensinn wird groß geschrieben: „Jede Woche organisiert meine Frau mindestens einen Abend mit Essen und Gesprächen. Da kommen dann alle gerne sogar von auswärts." Daneben pflegt man Musik, auch wenn Westphalen seine Geige wegen mangelnder Übung nicht mehr spielt.

Nach der Ausbildung zog es ihn nun aber beileibe nicht in einen klassischen Juristenberuf. „Die Redaktion für Außenpolitik des Rheinischen Merkur war erste berufliche Station, allerdings nicht sehr lange", erinnert sich der schreibbegabte Mann: „Denn dann bot man mir einen sehr interessanten Job in einem weltweiten Anlagenvertrieb an." Als das Unternehmen 1973 verkauft wurde, machte er sich mit einem Beratervertrag der Industrie als Anwalt selbständig – ganz allein.

Ungewöhnliche Kanzlei

Nun endlich die Juristerei! Die Kanzlei, inzwischen 14 Kollegen plus überörtliche Sozietät mit Hamburg, Dresden und Leipzig sowie Paris und Brüssel, ist ziemlich unkonventionell.

Von den gewünschten Qualifikationen war schon die Rede, auch mit ungewöhnlichen Fragen muß der Bewerber rechnen. Hinzu kommen, eher selten in dieser Branche, gemeinsamer Mittagstisch der Mitarbeiter und regelmäßige Runden auch mit den Nicht-Sozien.

Schriftstellerische Neigungen bleiben

Da das Büro nur noch zu rund einem Drittel forensisch tätig ist, behandeln auch die Bücher des Grafen weitgehend Beratungsthemen: „Vertragsrecht und AGB-Klauselwerk", München 1993, „Der Leasingvertrag", 4. Aufl., Köln 1991, „Rechtsprobleme der Exportfinanzierung", 3. Aufl., Heidelberg 1987, „Die Bankgarantie im internationalen Handelsverkehr", 2. Aufl., Heidelberg 1990 und Löwe/Graf von Westphalen/Trinkner, „Großkommentar zum AGB-Gesetz", Heidelberg 1982/1985. Meist sind es gesetzgeberische Neuheiten, die der Autor behandelt, um sie für die Praxis nutzbar zu machen.

Aber der Journalismus läßt Graf von Westphalen auch heute nicht los. Seine Themen aus Recht und Politik finden aufmerksame Leser verschiedener Zeitungen mit christlichem Anspruch. Und um Verwechslungen vorzubeugen: Der andere Graf seines Geschlechts, der in München, das ist der Bruder, ebenfalls erfolgreicher Anwalt. *hjb*

Markus Wiebel

Beinahe täglich gehen wir Juristen mit BGH-Entscheidungen um. Angesichts der Bedeutung dieser Rechtsprechung ist es allerdings erstaunlich, wie wenig man über die internen Strukturen und Arbeitsabläufe in Karlsruhe weiß. Das Erstaunen in der Zunft war daher groß, als Bundesrichter Dr. Markus Wiebel vor drei Jahren in einer juristischen Fachzeitschrift offen über ein bis dahin kaum zur Kenntnis genommenes Problem berichtete: die Zusammenstellung der Richterbank im überbesetzten Senat jeweils ad hoc durch den Vorsitzenden. Wiebel sah darin – wie Felix für den Bundesfinanzhof – einen Verstoß gegen den verfassungsrechtlich garantierten gesetzlichen Richter.

Wer nun weiß, daß bei den übrigen Bundesgerichten BAG, BSG und BVerwG die Richterbank in senatsinternen Geschäftsverteilungsplänen schon lange im voraus abstrakt festgelegt wird, wer andererseits gehört hat, daß die von Dezernatsarbeit praktisch freigestellten Vorsitzenden beim BGH auch die jeweiligen Berichterstatter nach eigenem Gutdünken festlegen, der wird sich über ablehnende Resonanz auf Wiebels mutigen Beitrag nicht wundern: Von einer Justizpressekonferenz in dieser Zeit wird berichtet, daß ein Senatsvorsitzender schlichtweg behauptete, die Mitwirkungsgrundsätze für die Richterbank seien entgegen Wiebels Darstellung bei fast allen BGH-Senaten zu Beginn des Geschäftsjahres bereits nachprüfbar geregelt. Später mußte der Betreffende dies zurücknehmen, denn in der Tat regelte kein Vorsitzender beim BGH die Verteilung so, wie es der erste BVerfG-Senat jetzt für einzig grundgesetzgemäß ansieht (vgl. die kommentierte Entscheidung vom 10.8.1995 in dieser MDR auf Seite 1202).

Klassenkeile beim BGH

„Natürlich habe ich von einigen Kollegen Kritik für meinen Vorstoß geerntet", erinnert sich Wiebel an die Reaktionen in Karlsruhe. Sein Beitrag, von Verfechtern der alsbald gekippten Regelung damals noch als abwegig bezeichnet, führte allerdings zu einem gewissen Aufwachen der „einfachen" BGH-Richter, die sich (auch dann, wenn sie sich wie Markus Wiebel im Senat im Kollegenkreis durchaus wohlfühlen) über die im Vergleich zu anderen Bundesgerichten deutlich ausgeprägtere Hierarchie-Struktur beim Bundesgerichtshof so ihre Gedanken machen. Waren sie früher ruhig, so läßt sich das vielleicht vor allem mit der Furcht vor echten oder bloß vermuteten Unannehmlichkeiten erklären.

Wiebel, der in seinem ungewöhnlichen Berufsweg solche Rücksichten nicht nehmen mußte, verrät sein Rezept für Unabhängigkeit: „Ich habe über Berufs- und Karriereplanung nie nachgedacht und keine konkreten Wünsche gehegt, die Chancen haben sich immer von alleine ergeben." Natürlich macht ein so entspanntes Verhältnis zum beruflichen Fortkommen mutig.

Der 1942 geborene Wiebel entstammt einer Hamburger Akademikerfamilie, studiert nach dem Abitur an der Gelehrtenschule des Johanneums ab 1961 Rechts- und Staatswissenschaften in Genf, Freiburg und Hamburg. Während seiner Zeit als Assistent am Institut für deutsches und internationales Steuerrecht in Heidelberg wird er Mitautor des Bonner Kommentars zum Grundgesetz über das Thema Finanzverfassung. Der juristische Vorbereitungsdienst führt ihn auch an die Hochschule für Verwaltungswissenschaften in Speyer, wo er sein schon zuvor ausgeprägtes Interesse an Verwaltungs- und Verfassungsrecht weiter vertieft. Nach dem zweiten Examen läßt sich der promovierte Jungjurist erst einmal als Anwalt nieder, wird dann aber nach zwei Jahren doch Richter am Amtsgericht Hamburg Mitte: „Seitdem bin ich mit Leib und Seele Richter", berichtet Wiebel, „das Berufsbild des Rechtsanwalts lag mir nicht so sehr."

1976 Wechsel zum Verwaltungsgericht Hamburg, zwei Jahre später gefolgt von einer Zeit als Wissenschaftlicher Mitarbeiter am Bundesverwaltungsgericht in Berlin. 1980 bis 1989 ist Wiebel dann Richter am Oberverwaltungsgericht für Schleswig-Holstein und Niedersachsen in Lüneburg, die letzten drei Jahre unter Abordnung zum Bundesverfassungsgericht, wo er sich als Wissenschaftlicher Mitarbeiter mit dem Recht der freien Berufe, Ausbildungs- und Prüfungsrecht, Gewerberecht sowie allgemeinem Verwaltungsrecht befaßt.

Unabhängiger Geist

Seit 1990 ist der Vater von zwei Kindern nun BGH-Richter. Sein Weg dorthin sei allerdings, so Wiebel, weniger durchgeplant gewesen, als es vielleicht den Anschein habe: „Ich kann mich wirklich als einen beruflichen Glückspilz bezeichnen – meine Wechsel gingen oft nicht von mir selbst aus, sondern wurden von älteren Kollegen angeregt und gefördert.“ Jedenfalls ist er kein durch seine 68er Zeiten als Universitätsassistent geprägter Rebell, sondern ein auf Unabhängigkeit bedachter Richter. Diese Unabhängigkeit bedeutet ihm auch sonst viel: Obwohl in seinem Spezialgebiet (privates Baurecht) ausreichend Gelegenheit bestünde, nimmt er Einladungen zu bezahlten Vorträgen nicht an. *hjb*

Siegfried Willutzki

Den Deutschen Familiengerichtstag gäbe es heute nicht, wenn Siegfried Willutzki, Begründer dieses Forums für Ehe- und Familienrecht, seinem ersten Gefühl nachgegeben hätte. Denn zunächst wollte er 1977 nicht an einer Familienrechtstagung der Richterakademie teilnehmen, ihn grauste die Vorstellung, mit 80 Nur-Juristen (ja sogar Familienrichtern) zwei Wochen lang in Trier eingesperrt zu sein. Doch aus dem anfangs so skeptisch beurteilten Treffen entwickelte sich eine fruchtbare Zusammenarbeit von hochmotivierten und hochqualifizierten Juristen. Ihr verdanken wir zu guter Letzt den – zwar zunächst in weinseliger Laune als Witz erdachten, aber dann begeistert weiterverfolgten und realisierten – Deutschen Familiengerichtstag als fachübergreifende Veranstaltung für alle Fragen des Familienrechts. In zweijährigem Abstand findet er statt, jüngst zum 10. Mal wieder in Brühl unter Leitung seines Begründers. Juristen, Psychologen und Sozialarbeiter haben hier ein Diskussionsforum für Fragen des Familienwohls und des Kindschaftsrechts und können so wichtige Impulse für Gesetzgebung, Rechtsprechung und Praxis geben.

Privat und beruflich: Familie

Willutzki, im „Hauptberuf“ Amtsgerichtsdirektor in Brühl, wurde 1933 als ältester von drei Jungen in Widminnen/Ostpreußen geboren. Er hat selbst recht früh den Verlust des Elternhauses und das kriegsbedingte Auseinanderreißen der Familie erlebt – sein Vater ist seit 1945 im Osten vermißt. Zusammen mit seiner Mutter und seinen Geschwistern gegen Kriegsende evakuiert, gelangte Willutzki zunächst nach Schleswig-Holstein, wo er einige Jahre eine Internatsoberschule für Begabte besuchte, bis das Schicksal die Familie nach Bedburg/Erft bei Köln verschlug. Ursprünglich wollte Willutzki Lehrer für Germanistik, Geschichte und Latein werden, doch die Lehrmethoden in dem nun besuchten Gymnasium trieben ihm diesen Wunsch aus. Der Besuch eines Jugendgerichtsverfahrens, das ihn sehr beeindruckte, führten zur entgültigen Entscheidung: Richter wollte er werden!

Nach Beendigung der Referendarzeit trat er in den Richterdienst des Landes NRW ein, wurde dort 1965 Landgerichtsrat, 1968 stellvertretender Vorsitzender einer Berufungs- und Beschwerdekammer. In der täglichen Arbeit mit Schwerpunkt Unterhaltsfragen entdeckte er seine Vorliebe für das Familienrecht, der er bis heute treu geblieben ist.

1973 erfolgte seine Ernennung zum Direktor des Amtsgerichts Brühl. Obwohl ihn seine Tätigkeit für den Familiengerichtstag ab 1977 in hohem Umfang beansprucht, hat er das größte Dezernat übernommen, um nicht in den Verdacht zu kommen, sich auf Kosten der anderen zu profilieren. Übrigens galt für den Familienvater von drei Kindern, der seit 30 Ehejahren glücklich mit einer Lehrerin verheiratet ist, bei seiner Berufswahl immer die Maxime: „Justizkarriere ja, aber nur mit Kindern". Daher war ihm auch Arbeitsteilung innerhalb der Familie – Windelnwechseln inbegriffen – kein Fremdwort. Der Stellenwert, den die Familie in seinem Leben hat, zeigt sich noch an anderer Stelle: Um seinen Kindern das gewohnte Umfeld zu erhalten, schlug er 1980/81 sogar ein Angebot der SPD aus, nach Karlsruhe zum BGH zu gehen. Kein Wunder, daß es seine Kinder (28, 26 und 24 Jahre alt) immer wieder nach Hause zieht.

Gefragter Fachmann

In familienrechtlichen Fragen schätzte man die Fachkenntnis Willutzkis schon frühzeitig. Zwei Jahre nach Erstellung der ersten Düsseldorfer Tabelle entwickelte er die erste Kölner Tabelle, in der er zwar das grundsätzliche System der Düsseldorfer Tabelle übernahm, aber statt der Einteilung nach Berufsgruppen aufgrund von Standesüberlegungen die Einteilung nach Einkommensgruppen einführte. (Diese praxisnahe Einteilung wurde später für die Düsseldorfer Tabelle übernommen.)

Sein Fachwissen stellt Willutzki der juristischen Fachwelt auch jetzt noch durch regelmäßige Beiträge zur Verfügung. Er ist Herausgeber der Brühler Schriften zum Familienrecht und Mitherausgeber der FamRZ und des Zentralblattes für Jugendrecht. Sobald die Zeit es zuläßt, und davon hat er begreiflicherweise wenig, ist die Veröffentlichung von zwei Fachbüchern geplant. Auch juristischen Laien ist Willutzki durch häufige Medienpräsenz kein Unbekannter. Er ist regelmäßig in der Fernsehsendung „Wie würden Sie entscheiden?“ zu sehen, in der er als Familienrichter oder Experte dem breiten Publikum juristische Fälle aus dem Familienrecht verständlich macht.

Blick über den Tellerrand

Willutzki will nicht auf die klassisch juristische Sichtweise begrenzt bleiben. Das hat er schon bei seinem Konzept für den Familiengerichtstag gezeigt. Er war es, der für die Zusammenarbeit mit nichtjuristischen Berufsgruppen plädierte. Daß Willutzki auch im übrigen den Blick über den Tellerrand wagt, beweist er ein weiteres Mal mit seinem besonderen Anliegen, das er gleichzeitig als sein familienrechtliches Fernziel bezeichnet: Die Schaffung eines vereinheitlichten europäischen Familienrechts, das er für um so notwendiger hält, je größer die Freizügigkeit innerhalb Europas ist und je häufiger gemischt-nationale Beziehungen vorkommen. Das Internationale Privatrecht erweise sich da immer mehr als untaugliche Krücke, kritisiert er die derzeitige Praxis. Er selbst schaute frühzeitig über die Grenzen, indem er schon 1986 familienrechtliche Kontakte nach Ungarn und Polen knüpfte.

Gemeinsames Traumziel

Obwohl Willutzki in seinem Beruf aufgeht, freut er sich auf seine Pensionierung, die auch nicht in weitester Zukunft liegt, ist er doch vor einiger Zeit 60 Jahre geworden. Endlich kann er dann seinen vielen Hobbies nachgehen, die bislang zu kurz gekommen sind: Willutzki ist begeisterter Kunstsammler, Bücherwurm und spielt außerdem regelmäßig Tennis. Mit seiner Frau teilt er einen Traum, den er dann auch mit Eintritt in den Ruhestand verwirklichen will: Im eigenen alten Bauernhaus im Bayerischen Wald wollen sie gemeinsam einen ganzen Jahreslauf erleben. *bf*

Dieter Wolf

Nach längerer Diskussion und Uneinigkeit darüber, wer denn nun auf den Präsidentenstuhl im Bundeskartellamt steigen soll, fand man schließlich einen kompetenten Nachfolger für den aus Altersgründen scheidenden Amtsinhaber Wolfgang Kartte. Von der Öffentlichkeit weitgehend unbeachtet, vollzog man beim „Wächter ohne Waffen", wie die Zeit einmal das Kartellamt nannte, im Juli Verabschiedung und Amtseinführung. Die Herausforderung hat Dieter Wolf, Ministerialdirigent im Bundesministerium für Wirtschaft, angenommen. Während Wolf nun vom beschaulichen Bonn in die hektische Spreemetropole Berlin wechselt, wird der fast sechzehn Jahre lang amtierende Repräsentant Kartte, trotz wohlverdientem Ruhestand, als Wirtschaftsberater der russischen Regierung in Moskau zur Verfügung stehen. Darüber hinaus wurde Kartte als Mitglied der Kommission „Unabhängige Sachverständige zur Parteienfinanzierung" benannt.

Wettbewerbshüter atmen auf

Die Bestellung eines erfahrenen Nachfolgers war nicht einfach: Renommierte Wettbewerbsexperten wie die Professoren Carl Christian von Weizsäcker oder Erhard Kantzenbach lehnten ab. Wolfgang Pfletschinger, der frühere Fachmann für Kartellfragen im Bundeswirtschaftsministerium, war in Mecklenburg-Vorpommern unentbehrlich und die ebenfalls in Betracht gezogene WDR-Justitiarin Antje Piper galt als ein kartellrechtlich allzu unbeschriebenes Blatt.

Jetzt jedoch scheinen endlich alle zufrieden: Ein Aufatmen ging durch die Reihen der Mitarbeiter im Amt, erhielten sie als Ersatz für ihren bisherigen „idealen“ Präsidenten doch wieder einen anerkannten Fachmann im Wettbewerbsrecht, den Kartte auch selbst schätzt und für geeignet hält. Bundeswirtschaftsminister Jürgen Möllemann nannte Wolf bei seiner Einführungsrede einen „alten Hasen“ in Sachen Wettbewerb; die FAZ gab ihm sogleich den Beinamen „Kartell-Wolf“.

Den Grundstein für seine Karriere legte der Rheinländer Dieter Wolf (geb. 1934 in Neuwied), wie schon Kartte, beim Wirtschaftsministerium in Bonn. Nach dem Studium der Rechts- und Staatswissenschaften an den Universitäten Köln und Bonn trat der Volljurist 1964 in diese Behörde ein. In der Nachfolge von Wolfgang Kartte leitete er acht Jahre lang (von 1974 bis 1982) eines der beiden wettbewerbspolitischen Referate des Ministeriums. In dieser Funktion, die insbesondere die Behandlung von Fragen der Fusionskontrolle und der Unternehmenskonzentration umfaßt, beteiligte er sich maßgeblich an der vierten Kartellnovelle von 1980. Seit 1982, inzwischen Unterabteilungsleiter geworden, war er vorwiegend für die Bereiche Informations- und Kommunikationstechnik, Elektroindustrie, Luft- und Raumfahrtindustrie und Bauwirtschaft zuständig.

Brüssel nimmt Kompetenzen

Die Schwierigkeiten bei der Lösung der Personalfrage mögen damit zusammengehangen haben, daß der Posten des Kartellamts-Präsidenten immer mehr an Attraktivität verliert. Brüssel rüttelt heftig an der Bedeutung der Berliner Behörde, ein Teil ihrer Kompetenzen ist bereits auf europäische Behörden übergegangen – eine Tendenz, die sich fortsetzen wird. Darüber hinaus ist zu befürchten, daß weltweite Kooperationen in Zukunft den Wettbewerb weiter aushöhlen werden. Wolf wird es in den kommenden Jahren bei Erfüllung seiner ordnungspolitischen Aufgaben also nicht einfach haben. (Foto: Darchinger) *jn*

Christian Wulff

Nein, Wahlkampf wollen wir auch 1994 in der MDR nicht betreiben. Die niedersächsische Landtagswahl im März haben wir daher abgewartet, und der Landesparteitag Anfang Juni in Osnabrück ist wohl nicht so gefährlich. Deswegen wollen wir heute Rechtsanwalt Christian Wulff vorstellen, dem es in der ersten Runde nicht gelungen war, sich gegen seinen Anwaltskollegen Gerhard Schröder im Wettbewerb um den Sessel des Ministerpräsidenten in Hannover erfolgreich durchzusetzen.

Auch wenn die beiden Juristen zur jüngeren Garde ihrer jeweiligen Parteien gehören, ist der Unterschied doch erheblich: Schröder ist schon im fünften Lebensjahrzehnt, Wulff mit 34 Jahren jüngster Spitzenkandidat in der CDU-Geschichte.

Eine ganz frühe Politik-Karriere

Neben der Ausbildung gibt es weitere Gemeinsamkeiten: Beide stammen aus eher einfachen Verhältnissen und sind ohne Vater aufgewachsen, beide haben sich ihre Position mit viel Energie erkämpft. Dazu gehörte sicherlich auch ein sehr frühes Engagement in den Jugendorganisationen – Christian Wulff saß schon mit 18 Jahren als Bundessprecher der Schülerunion im CDU-Bundesvorstand. Zwischen 1979 und

1983 war er dann auch im Bundesvorstand der jungen Union, ab 1984 im Landesvorstand der CDU Niedersachsen.

Hoffnungsträger oder Strohfeuer?

Immerhin: Auch wenn es für den Regierungssitz in Hannover nicht gereicht hat – es ist Wulff gelungen, der SPD seinen Wahlkreis abzuluchsen, das einzige Direktmandat, das die Union den Sozialdemokraten in Niedersachsen entreißen konnte. Der gerne als „Bill Clinton aus dem Emsland" apostrophierte Jurist konnte in der Mitte überproportional viele Stimmen gewinnen. Landwirte und Selbständige stimmten stärker als andere Bevölkerungsgruppen für ihn. Eine demoskopische Besonderheit bildeten nach neueren Analysen im Anschluß an die Wahl übrigens die außerordentlich vielen Stimmen von Frauen über 60. Ist also doch etwas dran am Image vom „Traum aller Schwiegermütter"? Seine Kritiker sehen ihn jedenfalls nicht nur als „zu jung", sondern auch als „zu nett". Dennoch hielten sich die Verluste in seinem Bundesland in Grenzen, und man wird sehen, was andere Kandidaten im Superwahljahr 1994 zustande bringen.

Geboren ist Wulff im Juni 1959 in Osnabrück, wo er auch seine politische Karriere begonnen hat. Nach dem Abitur begann er dann ebenfalls hier 1980 sein Jurastudium, das er 1987 mit dem ersten Examen abschloß. Nach der Referendarzeit im OLG-Bezirk Oldenburg und der Assessorprüfung in Hannover 1990 begann er sogleich mit der Arbeit als Rechtsanwalt. Heute praktiziert er als Sozius in der großen und angesehenen Kanzlei Dr. Schmitz, Dr. Funk und Partner. Das soll auch so bleiben, von vollberuflichen Politprofis hält der neue Oppositionsführer in Hannover nichts.

Was ihn als Schwiegersohn möglicherweise so erstrebenswert macht (zu spät übrigens, er ist seit 1988 mit der Anwältin Christiane Wulff verheiratet), gerät Wulff im politischen Kampf gelegentlich zum Nachteil: Sein Harmoniebedürfnis, das eigentlich bei politikmüden Wählern gut ankommen sollte, läßt ihn für manchen etwas farblos erscheinen. Auch schillernde Rhetorik ist seine Sache nicht, er ist vielmehr stolz darauf, auch beim Reden noch nachzudenken, zu entwickeln und neu zu formulieren: „Mein Eitelkeitsfaktor ist ganz gering", hat er in einem Interview einmal bekannt.

Eigenes Profil, aber kein Querdenker

Auch mit seiner Abneigung gegen das Taktieren und Mauscheln (sogar in der eigenen Partei) liegt er stärker quer zum üblichen Trend als in seinen politischen Auffassungen, die man eher als konventionell und wenig kontrovers bezeichnen kann.

Anwalt Wulff, der eine Mischung aus Bescheidenheit, Zurückhaltung und Entschlossenheit als Hauptcharakterzug für sich definiert, wird in diesen Tagen zeigen müssen, ob er trotz der Schlappe bei der Landtagswahl die Delegierten beim Landesparteitag wieder hinter sich bringt. Im vergangenen Jahr hatte er mit 95,2 % Zustimmung ein Ergebnis erreicht, das in westlichen Demokratien schon fast als peinlich gelten kann.

Aber ganz gleich, wie die verschiedenen Hackereien in Partei und Fraktion ausgehen – eins kann man Christian Wulff nicht nehmen: Mit zehn Jahren im Landesvorstand ist er dort dienstältestes Mitglied, lange vor so illustren Vorständlern wie Seiters und Süssmuth. *hjb*